子どものための『ケータイ』ルールブック

目代純平

SOGO HOREI PUBLISHING CO., LTD

はじめに　〈この本を手に取ってくださったみなさまへ〉

インターネットや携帯電話は今や世界中であたり前に使われるものになりました。しかしながら、それらが世の中に出現し、こんなにたくさんの人に使われるようになったのはせいぜいこの10年、長くても15年のことです。そして、今となってはこれらなしの生活など想像もできないほど、普通に生活に浸透しています。特に携帯電話については、日本における総契約台数が1億3千万台を突破し、統計上は国民1人あたり1台以上所持するものになりました。

私はＩＴ運用のコンサルタントとして、これらの黎明期よりその変遷を見てきました。当初は回線も非常に遅く、簡単なメールなど文字のやりとりしかできなかったものが徐々に、そして劇的に進化し、今日では動画などの大容量のデータ通信ができるようになった結果、利用者も爆発的に増えてきたのです。最近では様々な調べ物だけでなく、高画質の映画を見たり、いろいろな買い物をしたり、仲間同士の交流をしたりと本当にいろいろなことができる便利なツールとなってきました。

しかし、このように便利に使われるようになった反面、近年ウイルスなどの妨害行為や詐欺、誹謗中傷などの被害も急増してきており、利用者を悩ませています。また、利用者が急増すると共に、ネット社会における人間関係が引き起こす問題も多く発生するようになってきました。

私は今まで、自身の業務の中でこれらの被害に悩む大人たちをたくさん見てきましたし、解決のお手伝いもさせていただきました。近年これらのネット上に存在する「罠」は手口が非常に巧妙になってきており、大人でも容易に引っかかってしまうことも多いので、ましてやまだ知識や経験の乏しい子どもにとっては非常に危ない状況と言えます。

私はこのような被害や状況を数々見てきたからこそ、子どもに対するインターネットや携帯電話の正しい使い方の教育が急務と考え、2007年頃より各地で講演・啓蒙活動を始めてきました。現在は東京都eメディアリーダーの一員として、主に都内の学校を中心にほぼ毎月講演活動を行っています。

特に昨今インターネットや携帯電話にまつわる深刻な事件に子どもが巻き込まれるケー

スが非常に増えているため、保護者の方々も先生方も「何か対策をしなければいけない」ということは考えていらっしゃると思います。しかしながら、「具体的に何をどのようにしていけばいいのかわからない」という声をよく耳にします。そこで、本書では昨今の子どもを取り巻く状況や実際に起こっている事例を踏まえ、みなさまよりよくいただく質問やそれらの具体的な対策などにお答えする形で「保護者の方々や先生方が一番知りたい」と思われている内容を分かりやすいようにまとめました。

これからの時代を生きる子どもは、成長していくにしたがって遅かれ早かれインターネットや携帯電話を必ず使うことになります。そのため、小さいうちからこれらの便利さや危険性をも踏まえた特性をきちんと伝えて、安全に使うための知識を身につけておくことが必要になってきますし、そのためには保護者や先生方を含めた周りの大人が正しい知識を身につけておかなければ、子どもに教えることもできません。

そのための第一歩として、本書にまとめた内容がみなさまならびに周りの子どもにとって少しでもお役に立てたのならとても嬉しく思います。

なお、この本では携帯電話のことを主に「ケータイ」という言葉で示しています。また、これらの安全で正しい使い方を子どもに教えていくことを「ケータイ教育」と呼ぶことにしています。

目代純平

子どものための『ケータイ』ルールブック●目次

第3章　正しい情報と知識で子どもを守る

第4章 「ケータイ教育」の始め方

第5章 ケータイ教育の効果

第1章　子どものケータイ利用の現状

低年齢化するケータイデビュー

■中学2年生で40％台ってホント？

まず、次ページの図表を見てみましょう。２０１１年に日本ＰＴＡ全国協議会が発表した全国の子どもの携帯電話所持率です。そのデータによると、小学5年生の所持率が20％台半ばで、中学2年生の所持率が40％台になっています。

この所持率は、文部科学省、経済産業省などでも調査しており、それらの数値は少し古くなるので省きますが、おおむね同様の結果となっています。

ところで、この数値を見て「意外に少ないかも？」と思った方も多いのではないでしょうか。私も同感です。

私は現在、東京都ｅメディアリーダーの講師として、都内のさまざまな小中学校で、ケータイ・スマートフォンの安全な使い方や使用上の注意点に関して小中学生やその保護

図１　携帯電話・PHS の所持率（%）

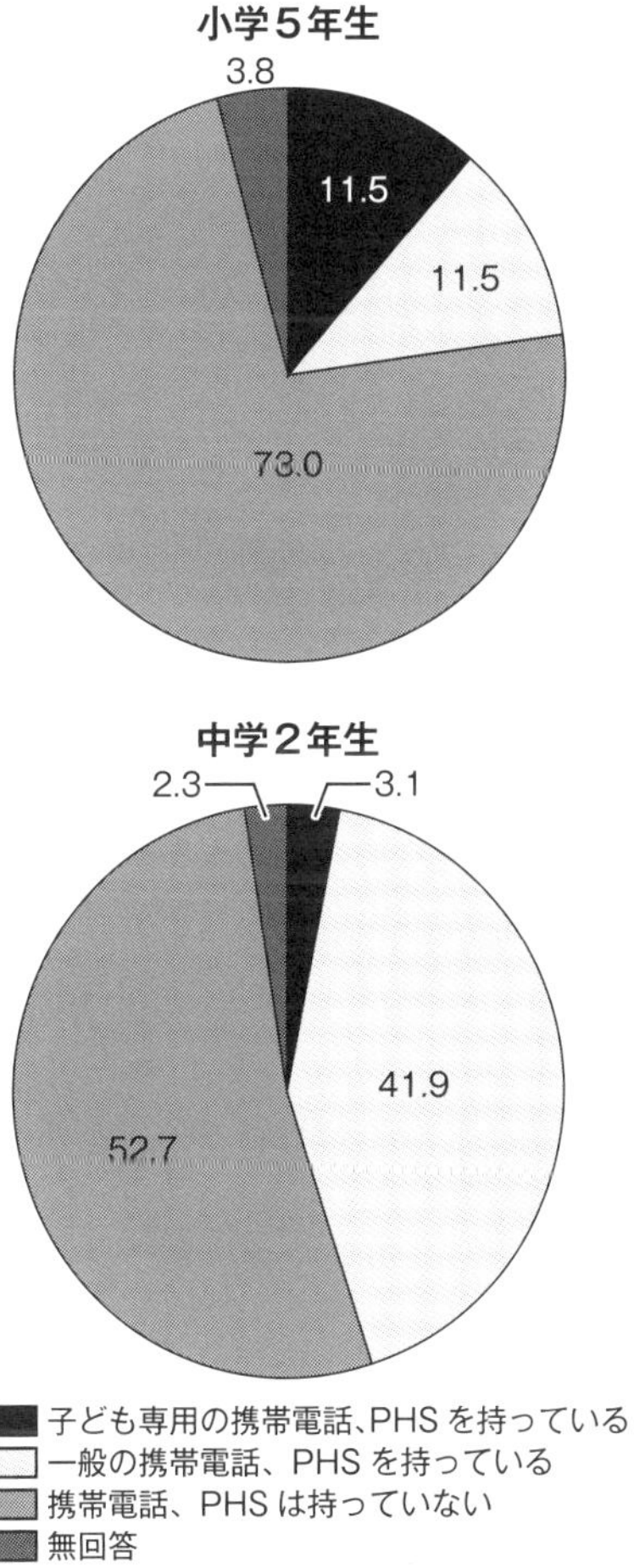

出典：平成 23 年度マスメディアに関するアンケート調査、日本 PTA 全国協議会

者に向けて指導や教育を行っていますが、現実としては、「小学5年生で約半数、小学6年生で約3分の2、中学2年生になると、ほぼ全員がケータイを所持している」というのが実感です。また、同年代の男女で比べると、女の子のほうが所持率が高い傾向にあります。

このようなオープンデータと私の実感の差は、例えば首都圏と地方の差であったり、調査のやり方の差によるものかもしれません。

しかし、重要なのはそのような差がどこにあるのか、ということではありません。調査データの数値の差はどうであれ、「ケータイが小学校の高学年から中学生の日常生活に深く浸透し、子どもにとって欠かすことのできないツールになっている」ということが重要なのです。

このことは10年ぐらい前には全く考えられなかったことです。当時は、大人には急速にケータイが普及してきて、ビジネスで、また、家族・友人との連絡用に使われていましたが、子どもへの普及はまだ始まったばかりでした。ところが２００５年前後から大学生、高校生へと急速に浸透し始め、２０１０年代になると、中学生のほとんどがケータイを所持する時代になったのです。そして、現在では小学校の高学年が「ケータイデビュー」の時期となりつつあります。

年齢で見ると、10～12歳。まさにケータイデビューはここ数年で低年齢化が顕著になっているのです。

「持ちたい子ども」と「持たせたい親」

では、なぜケータイデビューが低年齢化しているのでしょうか。もちろん、子どもの心理の中に、「○○ちゃんが持っているから私もほしい」という「友だちが持っているものをほしくなる」気持ちがあり、それが反映しているとは言えるでしょう。

ですが、それだけではありません。親が持たせたがっている、持たせるべきだと考えている一面もあります。小学生も高学年になれば、塾通いで帰りが遅くなる子どもも増えます。そしてニュースでは、子どもが被害にあう事件もよく見聞きします。

親としては「物騒な世の中になってきた。子どもをしっかりと守らなければ」と思えば、ケータイをそのための重要なツールの一つと考えるのも当然のことです。特に２０１１年の東日本大震災を経て親の意識がかなり変わりました。それまでは子どもにケータイを持たせることに対して否定的だった親も「万一の際に子どもや家族と連絡が取れなくなっては困る」と感じて、多くが肯定派に転じたようです。

このように、ケータイデビューが低年齢化した背景には、「持ちたい子ども」と「持たせたい親」双方の思いがあり、その思いが一致した結果と考えることもできます。

メリットもある反面、デメリットも……

親子の思いが一致すれば、その面では確かに大きなメリットがあります。塾が終わる夜の9時や10時に、「今、塾が終わったよ」と子どもからケータイで連絡が入れば、親は安心して迎えに行くことができます。子どもとしても、ケータイの連絡一つで暗い夜道を怖がりながら帰らなくてすむのです。また、地震や台風など災害時にもいち早く連絡を取ることができ、お互いに安心できたというケースもよく見聞きします。

ところが、そのようなメリットがある反面、近年デメリットやトラブルも増えてきました。今やケータイが高額請求や非行、援助交際など、さまざまなトラブルの原因ともなっているのです。

そのような事例は次章以降で詳しく見ていきますが、ここでは最近、私も驚いたデメリットの例を二つ紹介しておきましょう。

一つは、都内のある小学6年生の女子児童がケータイを使って大人を誘い、売春を行っていた事例です（世間では援助交際という言葉がよく使われますが、これはれっきとした売春行為です）。月のお小遣いが1000円程度の子どもが、おじさんを誘ってホテルに行っただけで、例えば3万円を受け取れば、まったく生活感が変わってしまいます。そして、それが子どもの将来にどのような影響をもたらすか、同じ世代の子どもを持つ親ならば理解できるはずです。

もう一つは、高校2年生の子どもの例ですが、ケータイでのいわゆるソーシャルゲームにはまってしまい、2か月で400万円の請求を受けた事例です。両親の全てのクレジットカードを無断で利用した結果ですが、親の立場からすれば、その金額の大きさもさることながら、なぜゲームをしていただけでそのような大きな金額が請求されるのか疑問に思うことでしょう。

ですが、このようなケースは枚挙にいとまがありません。まさに〝氷山の一角〟なのです。

しかしながら、私はこれらのことを受けてもケータイを子どもからむやみに取り上げてしまえばよい、あるいは、使わせないようにすればよい、と言い放つつもりはありません。なぜなら本来、ケータイはまさに親にとっても子どもにとっても役立つツールであり、近年日常生活で欠かせないものの一つになっているからです。

ケータイやインターネットは例えれば包丁と同じです。包丁は上手に活用すればおいしい料理をつくることができますが、使い方を誤れば人を傷つけることも殺すこともできてしまいます。ケータイやインターネットも知識のないまま使おうとしたり、使い方を一歩間違えたりすると、親はもちろん子どもにとっても不幸なツールになってしまうのです。

この本では、ここに挙げたようなさまざまなデータや事例を紹介しながら、ケータイに関連するトラブルの実態と対処のしかたや正しい使い方を探っていきたいと考えています。みなさんも、ぜひ一緒に考えてみてください。

ケータイはもはや電話ではなくなっている

電話として使っているのは、誰？

そもそも、携帯電話は文字どおり「携帯できる電話」でした。ところが、これはみなさんもご存じの通り、特に子どもはすっかり電話としては使わなくなっています。いまや、駅のホームなどでケータイを使って電話をしているのは、年配の人やビジネスマンばかりです。

では、小中学生の子どもは、ケータイを電話として使わず、何に使っているのでしょうか。

最近の子どもは、より若く、幼い世代になるにしたがって、実際に人と会話をすることに加え、さらに「電話で会話をすること」さえ苦手になっているように思います。また、会話をすることによって、子ども同士がお互いに感情をぶつけたり、評価されたりすることを怖がっているようにも感じます。

それはなぜでしょうか？　正直なところ、本当の理由は、児童心理学や教育学の分野の専門家や現場の先生に判断をゆだねざるを得ませんが、私の見る範囲では近年、より一対一の面と向かったコミュニケーション力が落ちているのではないかと感じるのです。特に日本人は昔から感情を直接的に表現することが苦手な人が多く、近年、子どもの間ではこのような傾向が顕著で、「直接電話をすればすむような内容でもわざわざメールで連絡をする」といったケースが急増しているのです。

ケータイはメール（写メ）とゲーム（ダウンロード）を楽しむ機器に

では、子どもはケータイを実際に何に使っているのでしょうか。まず挙げられるのは、みなさんの想像通り「メール」です。本来、学校で会ったときに話せばすむようななささいなことも、放課後にメールでやりとりするようになってきています。

そして、そのメールで交わされる言葉や文字は、どんどん短くなっています。「今どこ？」「遊ぼ！」「ダメ！」などのやりとりだけを頻繁に交わしているといった感じなのです。加えて、メールに写真を貼り付けて送り合うことも小学生の間で普通に行われていいま

図2　携帯電話・PHSで使用している通話以外の機能（%）

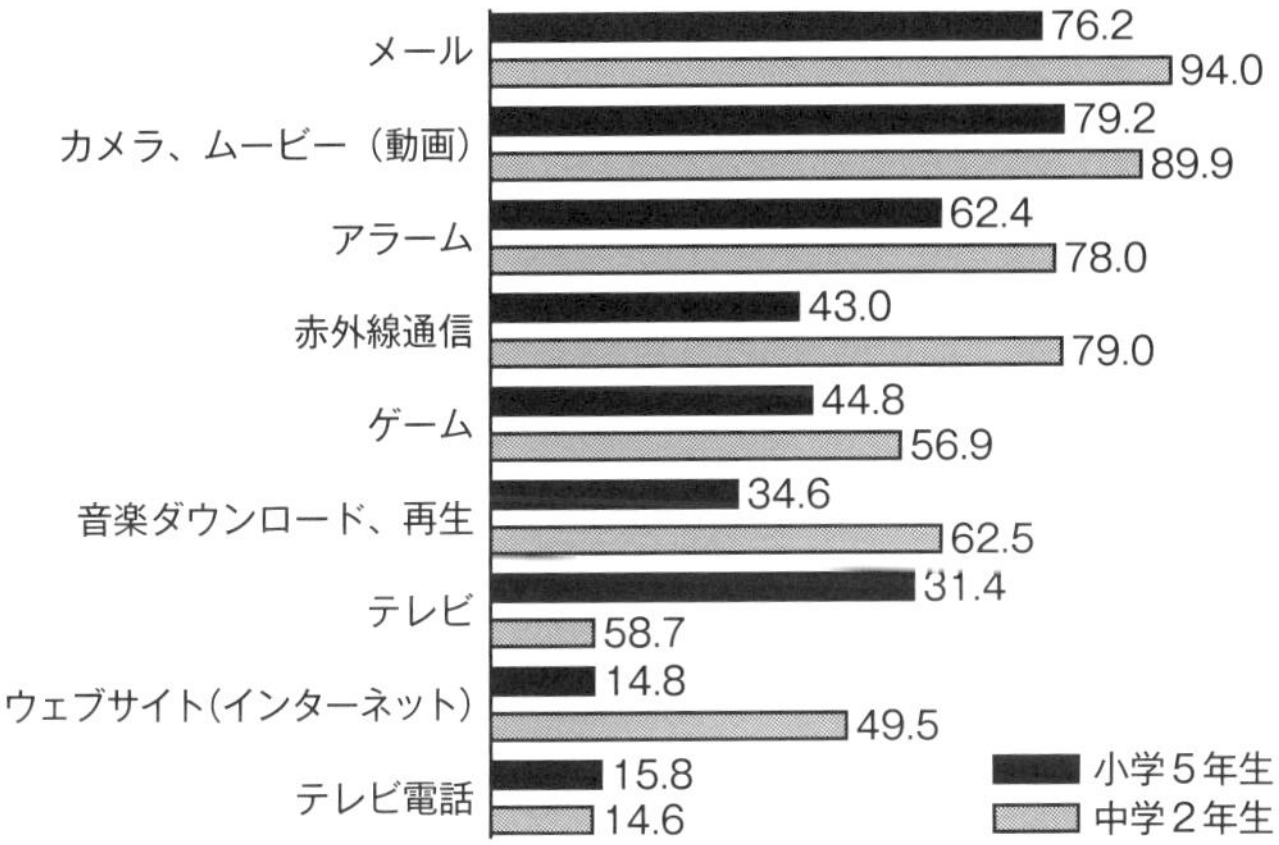

出典：平成23年度マスメディアに関するアンケート調査、日本PTA全国協議会（複数回答、抜粋）

す。

そして、メールとともに大きな用途になっているのがゲームです。子どもは親からケータイを与えられたとき、「自分専用の電話を与えられた」という喜びを感じるのではなく、従来のゲーム機にプラスして、新しい携帯用ゲーム機を与えられたような喜びを感じているのです。

また、ケータイを着メロや音楽のダウンロードに使うことも、子どもには常識です。

親子の目的のミスマッチ

このように、ケータイが「電話としてではなく、メールやゲーム機として使われている」ということは、よく言われている現象で、その現状を知らない大人はむしろ少数派かもしれません。ところが、ここにはいくつかの問題が潜んでいます。

まず、ケータイがメールの送受信用として使われることで、子どもが親の理解を超えた範囲の人たちとメールのやりとりをする可能性が出てきたことです。メール自体、誰とやりとりしているのか親にはわかりにくいものですが、さらに、後述する「プロフ」を作成・公開することによって、小学生なら中学生や高校生、果ては子どもになりすました悪意を持った大人ともメールやメッセージのやりとりを通してつながってしまう可能性もあります。

また、ゲームとしての用途では、最近はゲームそのものが通信機能によって不特定な人と遊んだり、対戦・協力などができたりするようなものが増えています。ゲームの多くがソーシャル化、SNS（ソーシャル・ネットワーク・サービス）化していると言ってもよいでしょう。

これらのソーシャルゲームでは、初めにお試し版などが無料で提供されることが多く、これは誰でも簡単にダウンロードして始められます。その後ステージが上がっていくにしたがって、あるところから有料になったり、ゲームを有利に進めるための道具を購入する

図3 携帯電話・PHSの所持の理由（電話・メール機能について）（%）

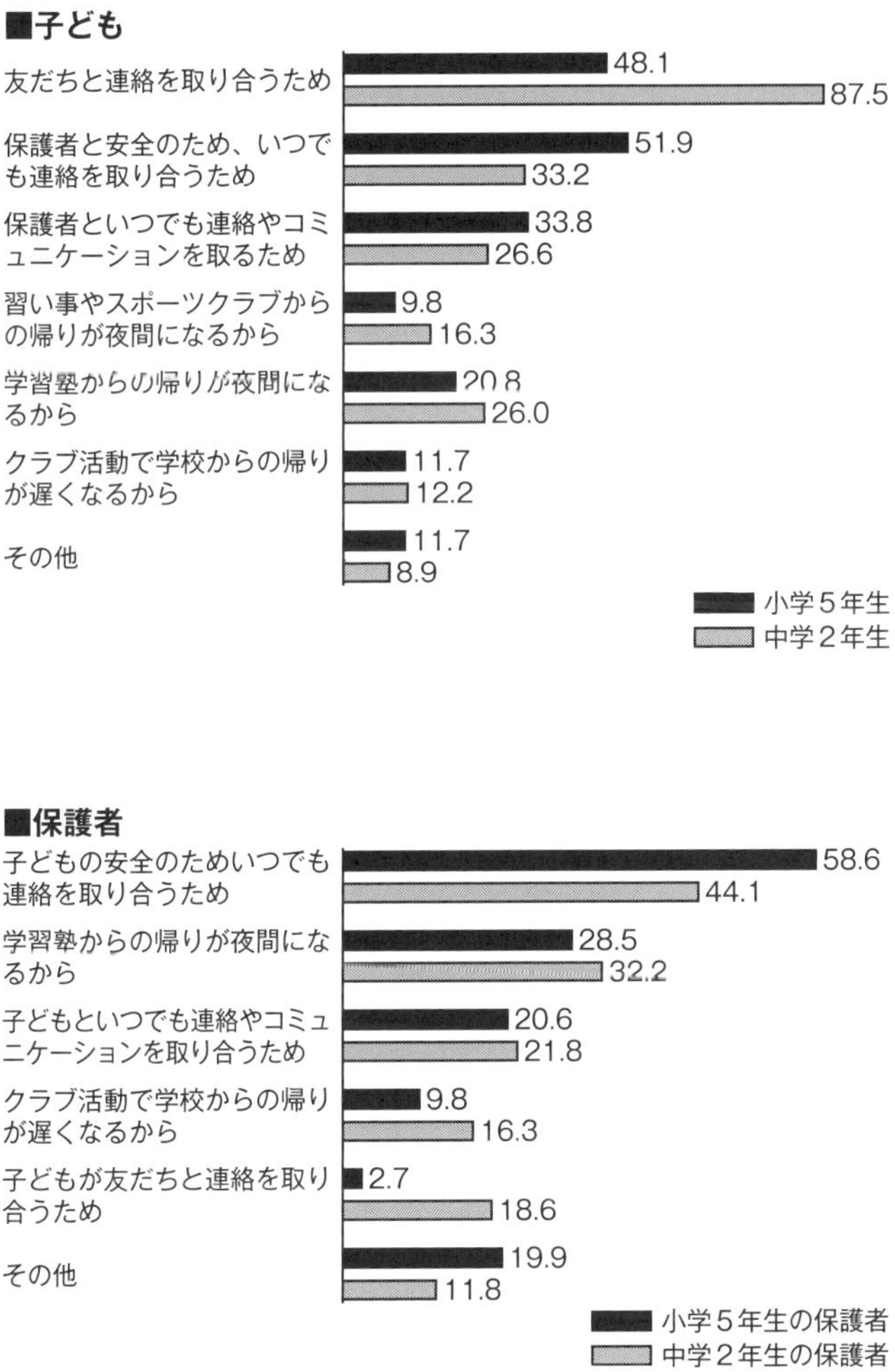

出典：平成23年度マスメディアに関するアンケート調査、日本PTA全国協議会（複数回答）

のに費用が発生したりします。多くの人はそれまで時間をかけてゲームをしてきたので、「お金を払ってでも攻略したい！」といった心理が働き、気がついたら請求が非常に高額になっていた、という問題も増えています。

これらのことがもたらす問題の実態は第２章に譲ることとして、ここでは、

●親がケータイを子どもに与える目的
●子どもがケータイを持ちたがる目的

の二つがまったく違うものになっているということを理解しておいてください。多くの親は防犯や緊急時の連絡などのために子どもにケータイを持たせますが、子どもは前述のように全く違う目的に使っているのです。それは、まさにケータイをもとに繰り広げられる親子の同床異夢と言ってもよいでしょう。

ケータイはすぐにネットの世界につながるツール

ケータイは電話ではなくもはや小型のコンピュータ

ケータイは、前述のようにもはや電話とは言えません。親は携帯できる電話（つまり連絡手段）として子どもに持たせているのですが、少なくとも、与えられた子どもは電話とは思っていません。「写真つきのメールを送ることができる機器」、「通信機能のついたゲームができる機器」を与えられたと思っているのです。

それは、まさにケータイが電話ではなく小型のコンピュータだということです。もし、電話を与えてもらったと感じている子どもがいるなら、それは最初に友だちに連絡してみたときと、おじいちゃんやおばあちゃんから連絡をもらったときだけ、と考えたほうがよさそうです。それ以外は、いつも持ち歩けて通信のできるコンピュータを与えてもらったと思い、もはやパソコンの代わりとして使いこなしていくものなのです。

■ケータイがあればパソコンはいらない!?

では、「パソコンの代わりとして使いこなしていく」とはどのようなことなのでしょうか。これは大人でも同じだと思いますが、まずパソコンがどのような用途に使われているかを考えてみてください。

現在、家庭でのパソコンの主な用途はインターネットです。私たち大人は普段インターネットを使ってメールのやりとりをして、さらにインターネットでいろいろなお店や観光地などの情報を仕入れ、買い物をしたり旅行の下調べをしたり、宿泊や交通の手配をしたりします。それと同じように、子どももメールのやりとりをしたり、情報を集めたりしているのです。その集める情報の対象が子どもの興味・関心のあるところ、つまりゲームなどが中心になっているだけで、用途としては大人と変わらないのです。

中には、「いや、私は自宅のパソコンでいろいろな仕事の下調べもすれば、ワードやエクセルを使って文書やデータ整理もしているし、パワーポイントでプレゼンテーション資料をつくることもけっこうあるよ」という方もたくさんいます。普段、ＩＴ運用コンサルティングの仕事をしている私もその一人です。

しかしながら、自宅のパソコンでそのような使い方をしている大人は、実は少数派のようです。むしろ、親世代の多数派は、家にパソコンがあってもあまり使わず、その役目をケータイやスマートフォンに頼っています。それを見ている子どももケータイをパソコンの代わりとして使うことに慣れ、多くの家庭では親子揃って「ケータイがあればパソコンはいらない」という状態になりつつあるようです。

最近ではケータイが次々とスマートフォンへと進化してきており、よりパソコンに近づいているのは事実です。しかしその主要な用途や役割、使い勝手を考えると、やはりそれらは別物と考えるべきでしょう。

「ケータイでインターネット」に違和感を覚える大人たち

ところで、「ケータイがあればパソコンはいらない」という状態を理解しつつも、「ケータイでインターネットを使う」ということに少し違和感を覚える方がいるかもしれません。

確かに、ケータイでは、たいていメニュー画面やブックマークから検索キーワードなどを入れればそのますぐ結果が表示されたりするため、それがインターネットにつながっている、ということはあまり意識されないかもしれません。

ですが、ケータイで電話以外の通信機能を使えば、その通信はインターネットの回線を使って行っているということになります。そのため、メールを送るのもゲームや音楽をダウンロードするのも、子どものケータイ利用のほとんどが、インターネットを通して行われているのです。

つまりそれは、「子どもの手にするケータイは常に世界につながっている」ということを意味しています。ケータイを手にした時点で、すでに子どもは世界中の人を相手にできるツールを手にしているのです。そのことを、大人はしっかりと理解する必要があります。世界につながるということには、大きなメリットもあれば、デメリットもあります。世界中の人と交流ができるということは、子どもに大きな可能性を与え、夢を感じさせてくれます。

一方、現実の社会でも同じですが、世界中の人々は、いい人ばかりではありません。中には人をだましたり、お金を盗んだりと悪いことをたくらんでいる人も少なからず存在し、子どもはそのたくらみに無防備なまま直面しているとも言えるのです。

「メール」が最大のコミュニケーションツール

メールにはさまざまな利点がある

子どもはケータイを電話としては利用せず、主にメールをするツールとして利用しています。ここではそのことを少し詳しく見ていきましょう。

私たちの生活では、電話よりメールでの連絡のほうが都合のよい場合が、しばしばあります。例えばメールでは、面と向かっては話しづらい相手や電話しづらい内容を伝えなければならない相手に対しても、時間や相手の状況をさほど気にせずに送ることができます。そのほかにも、メールは文章の記録として残るので、後々の「言った・言わない」というトラブルを避けることもできるでしょう。

また、すぐに相手に写真やＰＤＦなどを添付して送ることができ、絵文字なども使えるので、使うこと自体が楽しいといったメリットもあります。

これらの利点は大人も子どもも同様に感じていて、子どもは子どもなりにそれらをメリットとして理解して使っているのです。

会話よりメールがずっと便利?

では、何が問題なのでしょうか。それは、子どもが無意識にメールの便利さやメリットを、生の友だち同士の会話よりも楽しく、便利で重要だと感じている実情です。いわば、ケータイのメールがコミュニケーションツールとして欠かせないものになっているという状態を超えて、子どものコミュニケーションそのものになってきているということなのです。

この問題は、いろいろなところに現れています。例えば、家族そろっての食事中に子どもがケータイの画面をのぞき込みながらメールを発信していたり、着信の音が鳴り続けたり、ケータイを食卓の上に片時も離さずに置いていて、困ったことはありませんか? また、子どもがお風呂やトイレに入るときもケータイを肌身離さず持っているようなことはありませんか?

これらのことは、マナーや行儀、礼儀という観点でも問題ですが、集中力の観点からも

図４　子どもの携帯電話・PHSでの１日のメールの送受信数(%)

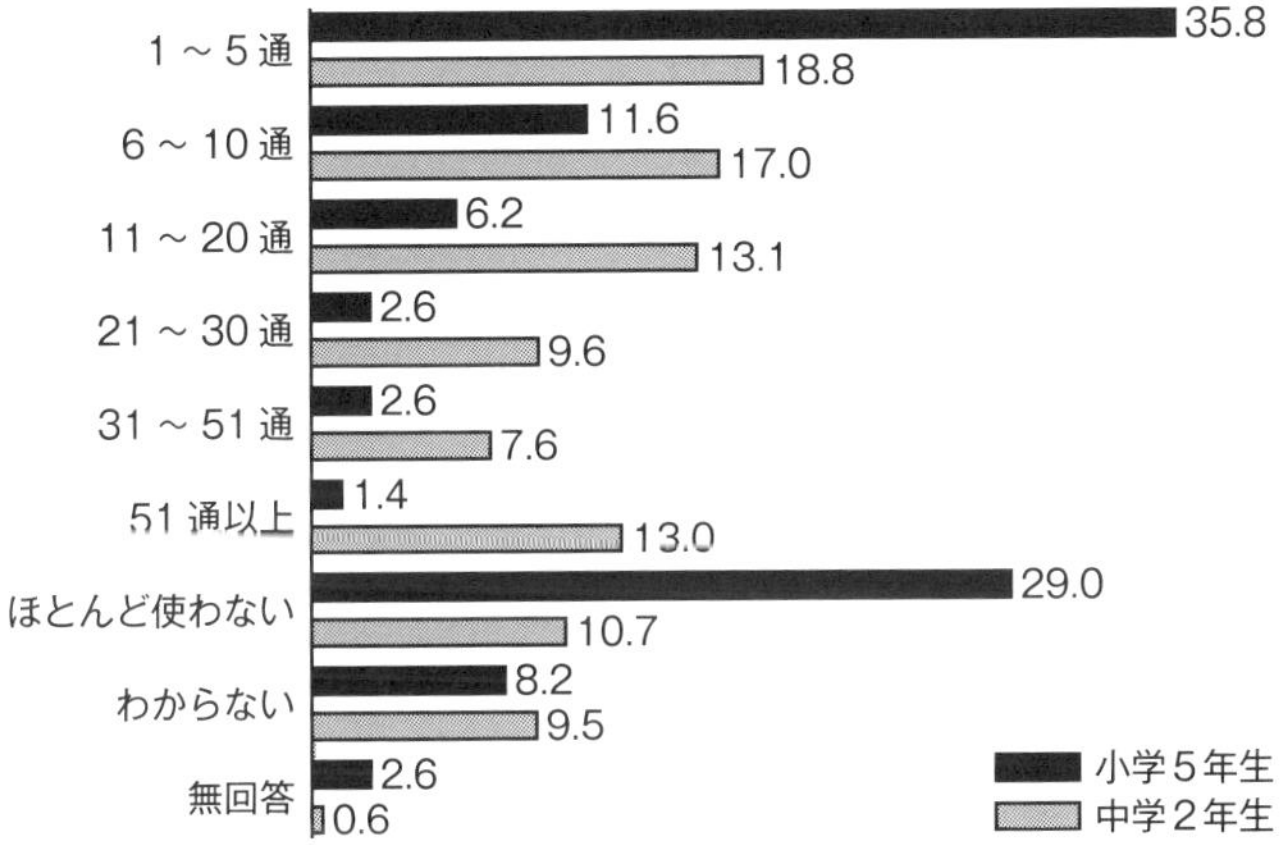

出典：平成 23 年度マスメディアに関するアンケート調査、日本 PTA 全国協議会

情緒不安定や注意力散漫な状況を引き起こし、決して好ましいこととは言えません。

さらに、そのメールで交わされる言葉は「今日いる?」「いるよ!」「どこか行く?」「行こ!」「どこ?」「どこでも」「……」といった短い一言の羅列です。昨今、「インターネット、メールを通じて子どもはたくさんの文字や文章に触れているので、国語力の衰えを心配するに当たらない」といった意見もありますが、私にはこれで子どもの文章力が育つとはとても思えません。それで文章力・国語力が育つと思っているのは、大人も同じようなケータイの使い方をしていることによる〝甘え〟としか思えないのです。

■独自にルールをつくる子ども

さらに子どもは、ケータイメールというコミュニケーションツールで、自分たち独自のルールをつくったりします。その代表例が「30秒ルール」と呼ばれるもので、これは地域や友だち同士によっては「1分ルール」であったり「10秒ルール」であったりしますが、いずれにしても、友だちから受け取ったメールに、決められた時間以内に返信しなければならない、といったものです。

では、もしそのルールを破ればどうなるか。まず、ルールを破ったということで友だちの間で仲間はずれにされ、それがエスカレートすると「いじめ」の対象になることもあります。

そのルールに従うためには、食事のときはもちろん、お風呂やトイレに入るときも、片時もケータイを手放すことができなくなります。友だち同士のコミュニケーションがツールとルールによって縛られてしまう。子どものその姿はまさに、「ケータイ依存症」と言ってよいのかもしれません。

子どもはゲームや音楽をダウンロードして楽しんでいる

パッケージ化された商品に見向きもしない子ども

子どもはダウンロードによって、インターネットの世界とつながっていると言ってもよいぐらい、たくさんのデータをインターネットから取得しています。

子どもにとって音楽ダウンロードの最初の一歩は「着メロ」です。後述しますが、最近ケータイの利用者は「パケット定額」という料金契約をしているケースが多いので、どれだけ長い時間インターネットにつないでいても、接続料金は一定額ですみます。着メロのダウンロードに関しては、無料のものもありますし、有料でも月額１００〜３００円くらいの課金がほとんどですから、子どもが利用して親が請求を受けても、気がつかないかさほど気にしない請求額の範囲とも言えます。

着メロによってダウンロードに慣れた子どもは、やがて音楽ダウンロードに進みます（もっとも、最近のダウンロードされる着メロはほとんど通常の楽曲のサビの部分であったり楽曲そのものであったりするので、手順や内容はあまり変わらないのですが）。親世代はCDやレコードを購入して音楽を聴いてきたわけですが、子ども世代はそのようなことはもうしません。聞きたい曲だけをダウンロードしているのです。

初めて買った音楽がCDというのはもう過去の話。子ども世代の多くは、CDを買ったこともないままダウンロードという世界に入っていくのです。

このことはゲームでも同様です。最初は与えられたケータイにもともと入っていたゲームで遊び、それにすぐに飽きて、次は無料ゲームのダウンロードを始め、さらにそのゲームの先を楽しみたくなると、有料ゲームに入っていくのです。自分の手元のケータイでいつでも好きなときに好きな音楽やゲームが手に入るので、もはやCDやDVDにパッケージされて売られている商品には、見向きもしないと言ってよいのかもしれません。

ダウンロードが引き起こす問題に、さらされる子どもも出てきた

このように多くの子どもが楽しんでいる音楽やゲームのダウンロードについても、実はさまざまなリスクが伴っています。

その一つは高額請求です。詳細は後述しますが、好き勝手にダウンロードを重ねていると、ケータイの契約形態や接続先のサイトによっては後からかなりの高額を請求されるといったケースもあります。

また、さまざまなファイルやデータのダウンロードにはもっと身近な問題もあります。それはウイルス感染です。

これはケータイではなくパソコンで起こった事例ですが、ある中学生が家で家族が共有していたパソコンに音楽やゲームをダウンロードして、そのうちの一つにウイルスが混入していたために感染し、起動しなくなってしまったということがありました。

そのパソコンは親が仕事にも使っていたということで、万が一これが原因で親の仕事のデータがインターネット上に流失などしてしまったらただではすみません。最悪の場合は親が会社をクビになってしまうかもしれません。今やウイルスはコンピュータを停止させたりデータを破壊するだけでなく、内部のデータをわざとインターネット上にばらまいて、不特定多数に閲覧させたりするものもあります。

これは一例ですが、同じようなことはケータイでも起こり得ますし、現に世界中で起こり始めています。もはやケータイも電話というよりコンピュータなのですから、子どもの安易なダウンロードがウイルスの感染を引き起こす可能性もあるということを理解しておく必要があります。

特にケータイやスマートフォンにはパソコンよりも多くの個人情報が入っていることが多いので、これらがウイルスに感染した場合の被害ははかり知れません。もし、あなたや子どものケータイに入っている情報（電話帳・メール・写真・動画のデータ）が全てインターネット上にばらまかれて世界中の人にさらされるような状況になったらどうしますか？　そうならないために、セキュリティ対策ソフトをきちんと使用し、あやしいサイトからはダウンロードしないということを守って使うことが重要です。

子どもがついやってしまいがちなもう一つの問題は、安易なクリックです。

音楽やゲームのダウンロードは、それぞれきちんとした運営会社が開設している公式なサイトであれば、大きな問題はほとんど起こらないものです（使いすぎによる高額な課金はしばしば発生しますが）。

ところが、無料で使えるサイトでは、広告費で収入を得ているものも多く、そのようなところではアニメーションや動画を利用してクリックを誘い、別のサイトへ誘導する「バナー広告」と言われるものがよく使われています。

それらのバナー広告は毎回、違うものが機械的に出てくる仕組みになっているので、例えば子どもでも遊べるようなゲームや音楽のサイトであってもアダルトサイトやギャンブルサイトへ誘導するような広告が出てくることも少なくありません。最近は減ってきましたが、中には架空請求やワンクリック詐欺サイトへ誘導するようなものもあるのです。

子どもはケータイで音楽やゲームを自由にダウンロードして楽しんでいますが、それにはこのようなリスクが伴っていることもきちんと教えていかなければなりません。

「プロフ」で外の世界とつながっている

ほとんどの中学生が使っている「プロフ」とは?

「プロフ」とは何のことだかわかりますか? 小学校高学年から中学生、高校生の子どもを持つ親で「何のことだかさっぱりわからない」という方は、ケータイを子どもに与える立場としてはかなり危険です。

「プロフ」とは、いわゆるプロフィールの略で、サイトとしては『前略プロフィール』がその代表例です。もともとプロフサイトは写真が貼り付けられる自己紹介欄のようなものから始まりました。そして、その後機能が徐々に進化し、現在ではいわゆるブログ機能やツイッター、ミクシィ、フェイスブックのようなコミュニティ機能もつき、いわば子ども向けのSNSのような状態になっています。

インターネットで「プロフ」と検索すれば、いろいろなプロフ運営サイトや実際に子どもが公開している内容をケータイでもパソコンでも見ることができます。多くの子どもは顔写真を公開していますし、実名で登録している子どもも少なからず存在します。

そのほかには年齢、学年をはじめ、通っている学校名なども書き込む欄があり、それらを書き込んで登録したうえで、ツイッターのようにつぶやきを投稿したり、友だちとメッセージのやりとりをしたり、中には会ったことのない相手（メル友・ブロ友）とメール交換をしている子どももいるのです。

今や小学校高学年でケータイを持つ子どもの半数以上、中学生のほとんどがプロフを利用していると言ってもよいでしょう。親にとっては「？」なケータイサイトであっても、子どもにとっては普通のコミュニケーションの場なのです。

悪用する人は必ず出てくる！

このように子どもに大人気のプロフもインターネットを使っているので、子どもが意識するしないにかかわらず、世界中につながっています。ですから、世界のまだ見ぬ友だちとつながることができるといった、夢のような可能性があるのですが、そこには世界とつながっているからこそ、どのような人とつながるかわからないというデメリットもあるのです。

例えば、ある女の子がプロフに、「超ヒマ、つまんない！」と投稿したとします。そのつぶやきに、「ボクもヒマ。今度、会いたいね！」と誰かが返信してきました。その後「何年生？」「中3」「どこに住んでるの？」「隣の○○市」といったメールを交わして、数日後、女の子が実際に相手に会いに行ってみてびっくり！　相手は40代のおじさんだったということも十分あり得るのです（実際は、これ程すぐに会いに行く子どもはいないと思いますが）。

子どもによっては、後述する俗語や隠語を使い、これらコミュニティサイトの検閲に引っかからないようにして大人を援助交際に誘う子もいますし、プロフに写真と学校名が載っていれば、校門のそばで待ち伏せし、自宅まで後ろをつけて自宅を割り出そうとしたストーカーまがいの事例もありました。また、プロフに載せていた写真を悪用され、風俗店の看板やチラシに使われたといった被害も報告されています。

ゲームなどの通信機能でコミュニティ化がさらに加速

さらに最近ではプロフ単体ではなく、通信ができるソーシャルゲームでは、その機能にプロフページを組み込み、見知らぬ子ども同士で互いにゲームを楽しんだり協力して敵を倒したり、自己紹介しあう機能がついたものもあります。つまり、ゲームだけを楽しむのではなく、そこにコミュニティが形成され、新しい関係性が生まれてきているのです。

プロフやSNSはもともとお互いが自己紹介をし合い、身元を明かすことによって新しい友だちや仲間とつながるのが目的ですから、一概に「よくない、くだらない」とは言えません。ただし、その一方で、それを悪用する人も少なからず存在します。そのつながりができるという特性をきちんと理解して子どもに使わせることが必要です。

第2章　大人が知らない子どものネット社会

請求が20万!?「無料」ソーシャルゲームの実態

■そもそも「ソーシャル」って何?

第1章で、子どものケータイ利用の現状について見てきました。第2章では、そこで起こるさまざまなトラブルをさらに深く探っていきましょう。

はじめに、「ソーシャルゲーム」の利用によって引き起こされるトラブルについて紹介します。

そもそも「ゲーム」になぜ、「ソーシャル」という用語がつくようになったのでしょうか。これは、もともと「ソーシャル・ネットワーク・ゲーム」と呼ばれていたものが、真ん中の「ネットワーク」という言葉が抜けてできた言葉だと言われています。

それでは、ソーシャル・ネットワークとは何でしょうか。それは、インターネットの活用によってつくられるコミュニティや人のつながりと考えればよいでしょう。大人の社会では、ミクシィやフェイスブックがはやっていますが、それと同様にインターネット上にあるサイトに登録した人々が自由に情報交換をし、趣味や仲間のコミュニティをつくることができる、そのようなネットワークの仕組みをゲームについても応用したものが、「ソーシャルゲーム」です。

例えば、RPG（ロールプレイングゲーム）を例に考えてみましょう。従来であれば、カセットやCD－ROMになったものを購入し、それをゲーム機本体やパソコンに差し込んで、子どもはテレビやパソコンの画面で敵と戦ったり対戦したりして、楽しんできました。

一方、ソーシャルゲームでは多くの場合、ソフトはインターネットを通じてダウンロードして入手します。そして、ゲーム中は基本的にインターネットに接続されているのですから、従来ではできなかったさまざまな付加機能を楽しむことができます。例えば友だちはもちろん、ときには見知らぬ相手と対戦できたり、世界中の利用者と得点を競ったり、自分の成果をプロフで紹介したりすることもできます。さらには、後述する掲示板の機能を使ってゲームを評価したり、メッセージ機能で友だちはもちろん見知らぬ人とも情報交換することもできます。

最近ではニンテンドーＤＳやソニーのプレイステーションにも、同じようなインターネットを利用した通信機能が付加され、ソーシャルゲームと同様な楽しみ方ができるようになっています。

「無料」のつもりがどんどん課金される!?

このようなゲームにおいて、最近増えているのが無料版から有料版への誘導です。多くのゲームはサイト（ゲームをダウンロードできる「ストア」や「マーケット」と呼ばれる場所）上でゲームアプリ（アプリケーションソフトの略）として紹介され、無料版をダウンロードするとゲームの一部を楽しむことができます。そして、より楽しもうとすると「この先は有料」という表示が出て、「承認する」というボタンをタップ（クリック）すると、有料ゲームに進むことになります。これを一般的には「アプリ内課金」と呼んでいますが、中には無料版と有料版がはっきりと分かれていて、それぞれ別のアプリとなっているものもあります。

それでは、前者の例を「釣りゲーム」で見ていきましょう。このゲームも最初は無料で始められます。ゲームをスタートさせれば普通の池で普通の釣りを少し楽しめますが、最初に無料で配られる竹竿だけでは小さい魚しか釣れず、少ない点数しかもらえません。大きな魚を釣るために少し上等な竿を使いたい、もっといい仕掛けを使いたいといった場合は竿や仕掛けを買わなければなりません。

そして、そのときに「課金」が発生するのです。上等な竿や仕掛け、餌を使えば大きい魚がたくさん釣れて自分の点数もどんどん上がっていきますが、竿や仕掛けは何回も使えば古くなって折れてこわれてしまったりしますし、餌も使えばなくなります。

大きな魚を釣り続けるためには、継続してこれらの道具を買っていかなければなりません。大きな魚が釣れたり、点数が上がっていったりするとゲーム内で仲間や周りのギャラリーに祝福されたり褒められたり、場合によっては新しいアイテムがもらえたりします。そうなるともっと多く点数を取ったり大きな魚を釣り続けたりしたい心理から、大人も子どももお金を継続して使って、新しい道具やアイテムを買いそろえようとしてしまうのです。

一時ブームになって規制の入った「コンプガチャ」と呼ばれるものもこれと類似した仕

組みです。これは麻雀やスロットマシンのように、3枚や5枚の絵（カード）を合わせると、より希少価値のあるアイテムがもらえるようになっています。よくおもちゃ屋やスーパーの店頭にある、おもちゃのカプセルが出てくる「ガチャガチャ」にたとえ、それをコンプリート（揃えること）させるので「コンプガチャ」という名称がつきました。これも1回ガチャを回すための費用は100～500円ぐらいですが、ほしいカードが出るまで何回も回すことになります。そうすると「次こそは！」という心理が働き、子どももついついお金をつぎ込んでしまうのです。

なぜ、子どもはお金をつぎ込んでしまうのか

では、なぜ子どもは射幸心に煽られ、そのような有料版ゲームへと入っていくのでしょうか。主に次の3点が指摘できるでしょう。

一つはクレジットカードでそれらの支払いがされるケースが多いということです。子どもはクレジットカードを持てませんが、親名義で購入したケータイを子どもに貸し与える場合、クレジットカードの支払いアカウントがあらかじめケータイに紐づけられ、クリッ

ク一つで自由に購入できるケースがあります。

もう一つは、それらの購入金額が現金ではなく「ポイント」や「コイン」など、そのゲームの中での通称に置き換えられ、〝疑似通貨〟として利用されていることにあります。そのため、子どもにとっては現金を払っている感覚はなく、あくまでもゲームの中の通貨で遊んでいるという感覚になってしまうのです。それらの通貨はあらかじめ1ポイント＝1円として数百円～数千円単位で購入しておきますが、これは後からクレジットカードや電話代との合算で請求されます。

そして、これらの有料ゲームの料金は全て後払いになっていることも挙げられます。例えばパチンコなら、あらかじめお金を払って球を借りてから遊びます。そのため、手持ちのお金がなくなったらそれ以上は遊べません。しかしながら、これら有料ゲームの場合は、クレジットや電話代との合算で後から請求されるため、その時点でお金がなくても続けることができ、購入しようかどうしようかと悩む感覚が麻痺します。

これらのことを総じて述べれば、利用者はこれらのゲームに関してお金を支払ってアイテムを買ったり、先に進めていったりするという感覚が、ほかの商品を購入するときの感覚より希薄になってしまうのです。その結果「無料でゲームを楽しんでいたつもりが、いつからか有料になって、気がついたら大きな金額を支払っていた！」ということが起こるのです。

有料ゲームは、さまざまな仕組みで課金されるようになっています。月額３００円や５００円で遊び放題といった設定もありますし、ゲームの中でそのつど道具や武器を購入する仕組みもあります。また、回数を制限して、制限回数以上を楽しむなら有料というものもあれば、いくつかの〝ステージ〟を設けて、一定以上のステージは有料としているものもあります。

実際にかかる金額では、有料ゲーム全体で１００円、２００円レベルのものもあれば、一つの道具を購入するのに数千円かかるものもあります。

このように、ゲームの内容も課金方式もその額もさまざまですが、子どもがこれらのゲームで遊んでいるうちに知らぬ間に月額で数万円、はたまた数十万円の請求額になっていて、親はその請求額を自分のクレジットカードの請求書で後日初めて知ることになり、青ざめてしまうのです。

無料ゲームなら大丈夫？

では、「有料ゲームはしないように気をつけて、無料の部分だけで楽しんでいれば問題はないか」と言われれば、なかなか難しいですが、高額課金の問題からは離れられるかもしれません。ただ、ゲームを進めていくとどうしても展開が有利になる有料アイテムがほしくなったり、有料ステージに進みたくなったりする衝動にかられることがあります。また、無料のゲームには前述のバナー広告が頻繁に現れ、魅力的な有料ゲームサイトへと誘ってきます。それらの誘惑に断じて「Ｎｏ！」と言えるのなら、無料ゲームだけを楽しむことができるでしょう。

このように、さまざまな手法で有料ゲームへの誘いが現れます。そしてそれらの誘いに乗ってしまうことによって「無料ゲーム」だったはずがいつの間にか課金され、知らず知らずのうちに請求額が増えていきます。冒頭に述べた「２か月で４００万円」の事例は極端な部類ですが、私が実際に各地の小中学校で講演後に相談を受けた範囲でも10万円前後の請求をされた、というケースは多くありました。親もそのぐらいの金額なら、最初は驚きますが、その後子どもを叱ったうえで勉強代と考えて請求通りに支払ってしまうことが多いようです（もっとも、それが発覚した時点ではクレジットカードや電話料金からすでに金額が引き落とされていることが多いので、あえてクレームや返金請求などをしなければ自動的に支払ったことになってしまいます）。

学校裏サイト
匿名性の書き込みが引き起こす「いじめ」

■「ネットいじめ防止法」ができた

２０１２年7月に米国ニューヨーク州で「ネットいじめ防止法」というものが成立しました。これは電子メールやＳＮＳなどのオンライン上での「いじめ」を取り締まる法律で、いじめを発見した教師はただちに学校管理者に報告しなければならないとされています。このことから、ネットを通じたいじめは日本に限らずネット先進国である米国でも大きな問題となっていることがうかがえます。

それでは、日本の場合はどのような過程を経て、ネットでのいじめが起こり、広がっているのでしょうか。そのきっかけとしてまず挙げられるのが、次に紹介する「学校裏サイト」です。

誰にでも開設できる学校裏サイト

ネットが引き起こすいじめにはいろいろなパターンがあります。その典型例を見ていきましょう。

まず、ケータイを持つ小学生の約半分、中学生のほとんどが登録している「プロフ」ですが、その登録の際に掲示板をつくることができます。そしてそこに、友だち同士がいろいろな話題を書き込んでいきますが、その中に先生や友人の悪口の書き込みがあると、その返信やコメントがだんだんとエスカレートしていきます。これは大人の世界でもそうですが、掲示板では匿名での投稿も可能で相手の顔が見えないので、コメント（特に悪口や中傷など）の口調はだんだんと攻撃的になってきたりします。その結果、気がついたら悪口合戦になっていることもよくあり、これが特定の人に対するいじめへとつながるのです。

この「学校裏サイト」という名称は、それぞれの学校の公式サイトが「表」であり、それに対応して非公式な、場合によっては仲間うちで秘密につくったサイト（掲示板）ということで「裏」と呼んでいるにすぎず、正式な定義があるわけではありません。

また、そのような掲示板はプロフでなくてもケータイがあれば誰でも3分程度で簡単に

図5　学校裏サイトとは？

■サイト・スレッド数 38260 件

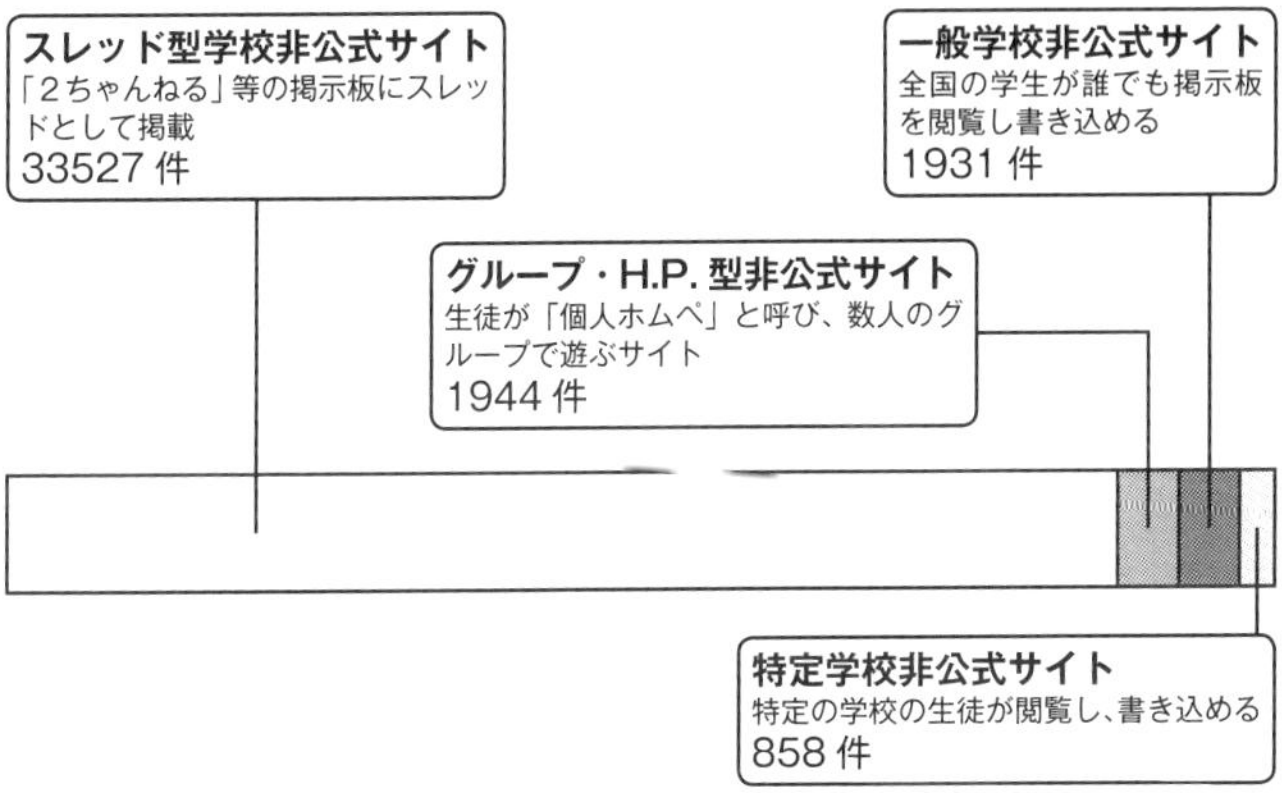

■書き込み内容

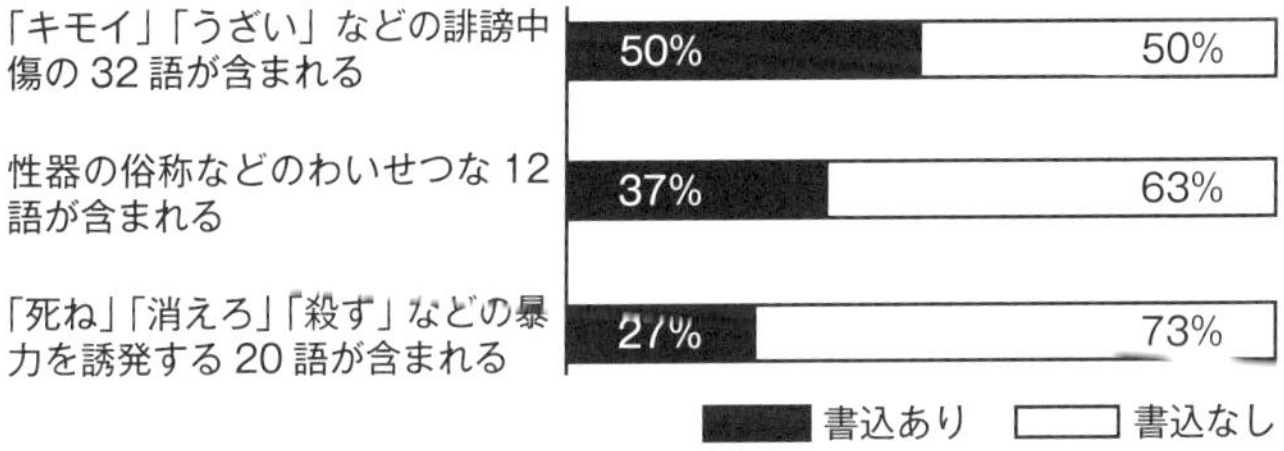

出典：青少年が利用する学校非公式サイト（匿名掲示板）等に関する調査について（文部科学省）

■実際の書き込み例

- ○○君（実名）には友だちがいません。
- ○○（教師実名）うつ病なんだって　自殺してしまえば？
- 誰かわたしをレイプして。連絡先は 090-……（ケータイ番号）
- ○○（実名）シんでください。デブの豚。調子乗ってんじゃねーよ。
- ○○小学校で生徒の大量殺人を行います。

つくることができます。たまに「インターネットの掲示板を作成するなんて特別な知識や技術を知らないとできないでしょう?」と言われることがありますが、そんなことはまったくありません。そのため、子どもが好き勝手に自分の学校やクラスなどの話題で内輪で盛り上がる掲示板を作成し、仲間うちで公開することにより、うわさ話がだんだんと大きくなり、いじめや仲間はずれにつながると考えられます。

そしてこれらの書き込みの話にはさまざまな〝尾ヒレ〟がつき、思わぬ展開を見せることがあります。例えば特定の子が万引きしているとか、援助交際をしているなどの内容が書き込まれ、それらの事実無根の情報を多くの人が知り、いじめや仲間はずれがエスカレートしていくのです。その後はその子に対して名指しで「キモイ、死ね!」といった書き込みが続いたりします。ここまでくればもう明白な「いじめ」であり、そのターゲットとなった子は学校に来られなくなったり、最悪なケースでは自殺を選んでしまったりと非常に深刻な事態へとつながります。

なお、これらのサイトでの書き込みは必ずエスカレートしていきます。子どもだけでなく、教師もターゲットにされるなど、際限がなくなっていくのです。

書き込みは匿名だが……

このような学校裏サイトでは、基本的にサイト開設者は匿名であり、投稿する側も匿名での書き込みが可能です。しかし、投稿される対象者は実名を挙げられているケースも多いのです。たとえ匿名やイニシャルで隠して書かれていても、学校やクラスの内輪のうわさ話ですから、必ず誰かが実名をあばき出します。そして、投稿する側はさらにエスカレートして面白おかしく、「キモイ」「うざい」「死ね」などと書き連ねていくのです。

このような裏サイトでのいじめは、やがてリアルないじめへと移行します。その結果、いじめられた子どもは学校で誰にも相手にされなくなり、最悪なケースでは２００５年の埼玉県北本市や２０１２年の滋賀県大津市の中学生に見られるような被害者の自殺事件に発展するようなこともあり得るのです。

そして、このようなネットを通じたいじめにおいて非常に不可解で怖いところは、その標的が時間とともに変わっていくケースがよくあるということです。いじめる立場といじめられる立場が決まっているケースばかりではなく、どちらの立場にも関係のなかった子どもが、ちょっとしたきっかけで加害者や被害者の立場になったり、立場が逆転したりするケースもよくあります。
いじめ自体の問題は昔から存在し、今に始まったことではありませんが、このような掲示板の中でのいじめはお互いの顔が見えずに、一見匿名で投稿ができるので誹謗・中傷の表現がどんどんきつくなり、被害者を追い詰めてしまいます。ネットでのいじめはいわばピストルでの攻撃と一緒で、自分は安全な場所にいながら相手だけに致命的な傷を負わせることができます。昔ならば学校でいじめられてどうしようもないとき、最悪の場合は転校をすればいじめはついてきませんでした。しかしながら、昨今のネットいじめではそういった場合の転校先にもいじめがついてきますので、被害者にとって逃げ場がなくなってしまうのです。

では、こうした事態を法的に規制する方法はないのでしょうか。残念ながら日本ではまだ確立はされていませんが、一見、匿名でできると感じるこれらの掲示板の開設や書き込みに関しては、「その時間に誰が接続していた」というデータが全て携帯電話会社やインターネットプロバイダーによって記録されていますので、警察の開示要求があれば開示されることになっています。そのため、万一これら掲示板などで被害にあったり悪質な誹謗中傷などをされたりした場合は必ずその証拠を残しておきましょう。警察が捜査を始めれば必ずや加害者は特定され、相応の罰を受けることとなります。

何気ないつぶやきやブログの記事がいつのまにか「炎上」

■本人としては悪意のない記事が発端でも……

ネットの「炎上」という言葉を耳にしたことはありませんか？　これに関する明確な定義はないのですが、ツイッターでのつぶやきやブログの記事などに閲覧者からクレームをつけられ、それがネット上に拡散し否定的なコメントが投稿者へ山のように寄せられ、その結果ブログなどを閉鎖せざるを得ない状況と考えていただければよいでしょう。

小中学生の頃からブログを書いている子どもは少ないでしょうが、高校生や大学生ともなると自分のブログを開設している子どももたくさんいます。その子どもの何気ない記事の投稿が、炎上を招くケースもよくあるのです。その典型例を見ていきましょう。

ある高校生がアルバイトをしている飲食店に、芸能人のカップルがお忍びで食事をしに来たとしましょう。その様子を高校生がブログに次のように投稿してしまいました。「芸能人の○○さんと△△さんが、お店にきたよ！　ちょっと意外。つきあってんだ」

その投稿に悪意はありません。ところが、その直後に、「そんなプライベートなことを暴くのはやめろ」「××さんとは別れたのかな？」「載せた奴を許さない！」といったコメントが載ったとしたら……。最初の投稿には悪意はなくとも、それに対して第三者から正義感をあらわにしたコメントが入り、さらにファンからの怒りのコメントが入り、それらのコメントがさらなるコメントを呼び、やがて「こんな投稿をした奴を許すな！」というあたりから「バカ」「死ね」「追放しろ」といったコメントになると、もはや手がつけられなくなってきます。

これが、一般の人が経験し得る「炎上」の例ですが、その後さらにエスカレートした暇な群衆は、歪んだ正義感を振りかざしてインターネット上のＳＮＳなどの情報からその投稿した本人の実名や写真、学校名、はたまた自宅の住所や親の勤務先までをも探し出し、これらの情報全てを「まとめサイト」と称してインターネット上にさらしたりすることもあります。この「まとめサイト」に関しては後述しますが、この時点になるとニュースサイトなどで知ったまったく無関係の第三者も興味半分で登場し、その投稿者の名前を検索エンジンで検索したりするので、その履歴が自動的に残ってしまうこともあります。

このような状況になると、もはやどちらが被害者でどちらが加害者かわからなくなってきますが、たった一言のつぶやきや投稿がこのような重大な事態を招く可能性があるのもネット社会の非常に怖い部分です。

▒「まとめサイト」という新たな展開

先ほど紹介したような「炎上」での新たな展開は「まとめサイト」というホームページの出現です。

どういう人がそのサイトを開設しているのか、通常は特定できませんが、このような人物はブログなどが炎上していくと、「○○のブログが炎上した件」といったサイトをつくり、そこで炎上までの経緯をまとめようとするのです。

このようなサイトは、パソコンだけでなく当然ケータイからも見ることができますが、その中には前述したような投稿者の写真入りの実名や学校名、家族や自宅の写真や勤務先、挙げ句の果てには自宅の登記簿謄本までもが貼り付けられていたケースもありました。これらのサイトの作成者は愉快犯の類とも言えますが、歪んだ正義感を持った複数の人物で協力してつくり上げるといった場合もあります。そして、これら作成者はもともとのブログを炎上させた本人を社会的に抹殺するまで追い込むこともしばしばあります。

いったん実名をさらされてこのような「まとめサイト」などをつくられてしまうと、インターネット上に半永久的にそのデータが残ってしまいます。そうすると検索エンジンに履歴が残ってしまうので、例えば氏名で検索されれば、こちらも半永久的にその経緯が表示されてしまうのです。

このようなことは本人の名誉のためにも許されることではありませんが、この問題は日本だけでなく世界中で論議されているものの、いまだに解決法や結論が出ていません。

そして、これらの「まとめサイト」の作成に関わったり、炎上に意図的に加担したりした人物は、さらされた当人の恐怖や恥ずかしさ、つらさなど意に介さず、常に次の標的を探しています。「次に何か炎上させる面白いネタはないかな」とネット上を探し回っているのです。

炎上は、裏サイトのいじめと同様に、子どもが被害者になるケースもあれば、思いがけずに加害者ないしは加担者になってしまうケースもあります。

また、この「炎上」という事案が「ネットいじめ」と少し異なる点は、「炎上の発端になる投稿をした人も、その投稿にコメントを寄せた人も、明確な悪意はなかったケースが多い」ことです。このように、被害者も加害者も明確な悪意のないまま他のサイトや人物に飛び火し急速に拡散していくのが「炎上」の恐ろしいところなのです。

チェーンメールは現代版「不幸の手紙」

メールの内容はさまざま

かつてインターネットもそのメール機能も浸透していなかった、親世代が子どもだった頃、「不幸の手紙」というものがありました。ある日届いた手紙の封を切ってみると、便せんに「この手紙を受け取った人は一週間以内に5人に同じ内容の手紙を送らなければ、不幸が訪れます」といった内容が書いてある手紙です。

受け取ったのが子どもの頃であれば、きっと背筋が寒くなったはずです。その内容に、「誰にも相談してはいけない」などと書かれていて、親に相談することもできず、たった一人でその恐怖を抱え込んだ経験のある方もいるかもしれません。

ネット社会の現在、そのような不幸の手紙はすっかり影を潜めましたが、それに代わって増えているのが「チェーンメール」と呼ばれるもので、まさに現代版「不幸の手紙」と言ってもよいでしょう。

ただしこのチェーンメールは、かつての不幸の手紙とは異なりその内容はさまざまです。もちろん、「すぐに5人に同様のメールを送らなければ不幸が訪れる」といった従来と同様の文面もありますが、それがエスカレートし「メールの転送を止めた人を突き止める装置があります」「回さなければ殺しに行きます」などと記されたものもあります（現在のインターネットではメールの転送を止めた人がわかるような仕組みは絶対ありませんし、これが原因で殺された人もいませんのでご安心下さい！）。

そのほかに善意のニュースを装った「○○病院で輸血のための血液が足りない。患者は特殊な血液型（AB型RH－）でなかなか提供者がいないので、このメールをできるだけ多くの人に転送してください」といったものもありましたし、東日本大震災の直後には「東京湾岸の○○石油のタンクが爆発する。有害物質が雨とともに降り注ぐので速やかに屋内へ避難するように」といった内容のものもありました。これらは一見緊急事態のように思えるので、「より多くの人へ知らせないといけない」という心理から多くの人が家族や友人へ転送してしまいましたが、結局は両方ともデマでした。特に大震災直後は通信回線も不安定でいろいろな情報が錯綜していたため、このメールがたくさんの人に転送されたことで、さらなる混乱を招いてしまいました。

図6 チェーンメールなどの受信状況（%）

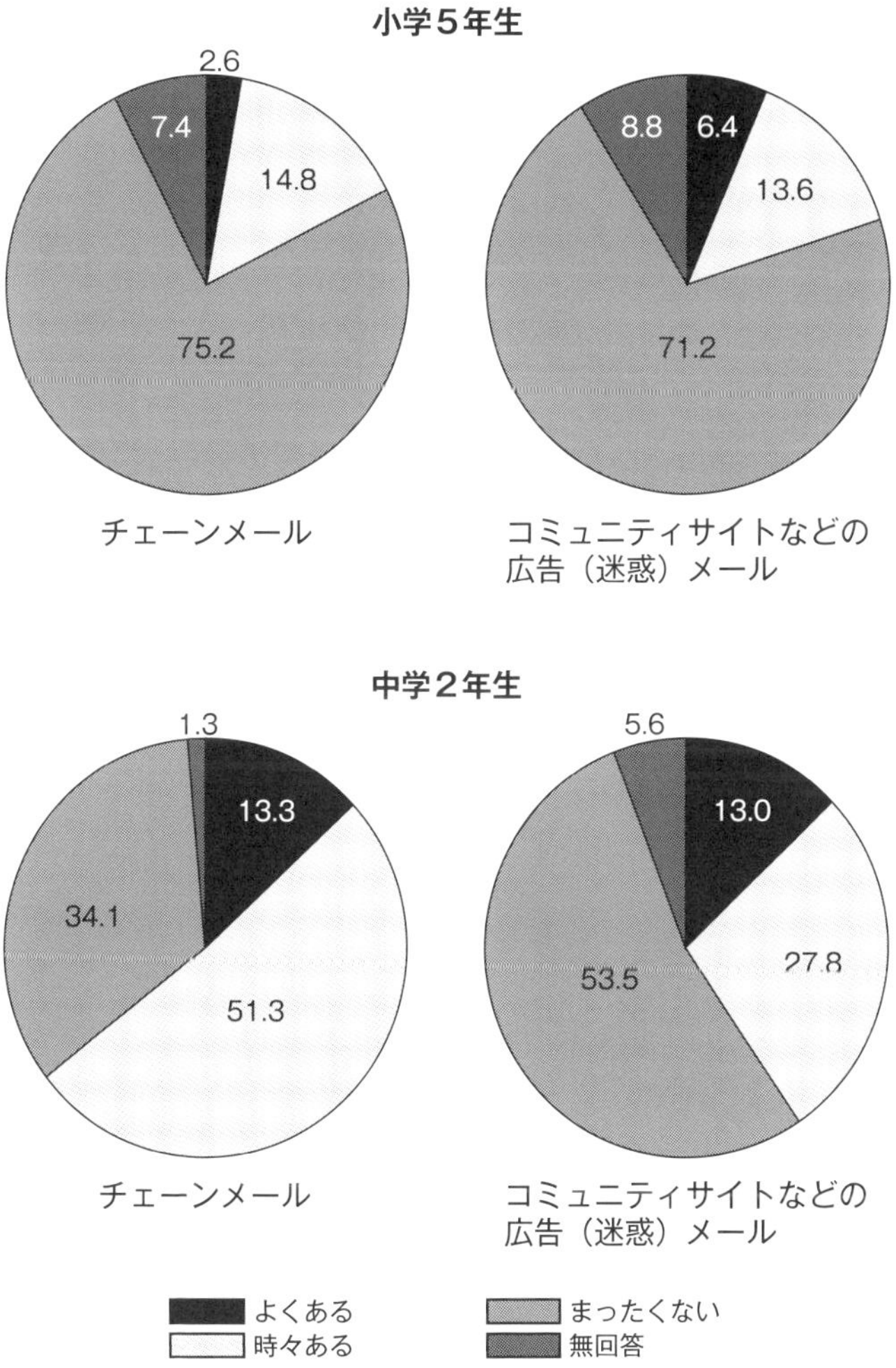

出典：平成23年度マスメディアに関するアンケート調査、日本PTA全国協議会

図7 チェーンメールの例

友だちから協力をたのまれました。

鉄腕ダッシュメールがどこまでとどくか実験中です。

たくさんの友だちに転送してね！

×月×日にかのじょがいなくなりました。
犯人をつかまえたいので、このメールを１週間いないに、20人に回してください。
メールの転送を止めた人がわかるきかいもあります。もし、メールを止めたら、その人を犯人とみなして、メールがとどいてから８日目にころしに行きます。

■どうしても不安なときの転送は、ココに。
迷惑メール相談センター
http://www.dekyo.or.jp/soudan/chain/tensou.html

■「現代版・不幸の手紙」に潜むもの

このようにメールの内容がさまざまであれば、その影響もいろいろあります。昔の不幸の手紙であれば、受け取った本人はびっくりするもののその社会的な影響はそれほど大きなものにはならないことが多いでしょう。

ところが、簡単に多くの人に転送できるメールの内容が、特定の企業や人、事件を名指ししたり対象にしたりしたものだと、状況はかなり変わってきます。先ほどの「○○病院の輸血」のチェーンメールでは、実際にその病院に電話での問い合わせが殺到し、通常の病院業務に支障をきたす事態となってしまいました。「石油タンク爆発」の件でも、その企業のウェブサイトで、そのような事実はないことが発表され、「メールを転送して混乱を招かないように」と冷静な対応を呼びかけています。

このようにチェーンメールの内容に特定の企業や人、事件などの記載があると、そこで名指しされた人や企業はメールだけでなく実生活の面でも被害を受ける可能性が大きくなるのです。

また、手紙をポストに投函する昔のやり方とは異なり、メールの場合は送信も転送も簡単に短時間でできますので、複数の人が転送を繰り返すとねずみ算的に拡散していく可能性がありますし、元の情報源も特定しにくいので、一度転送リレーが始まってしまうと対処のしようがなくなるのです。

そして、このようなチェーンメールは大人でも内容を真に受けて容易に転送をしてしまうのですから、それ以上に子どもには善悪や信憑性の判断が難しいのです。昨今のチェーンメールでは、先ほど紹介した例のように善意を装う文面や悪意のない文面も多々あるので、子どもはどうしてよいかわからなくなり、よくわからないままに家族や友だちに転送してしまうのです。

「何人以上に転送してください」や「できるだけたくさんの人に拡散希望です」などと書かれているメールはチェーンメールです。このように、子どものケータイにも実にさまざまなメールが勝手に届きます。子どもにケータイを持たせた親としては、そのような事態に子どもが直面することもあり得るという理解が大切です。

メールで生じるさまざまな誤解

「友だちじゃない？」「友だちじゃない！」

最近は大人も同様に感じますが、「ケータイ依存症」に近い子どもが増えています。そのような子どもは、「ケータイの持ち込み禁止」をうたう学校内では触りませんが、学校を離れると四六時中、ケータイを触っています。食事時も入浴時も、片時もケータイから手を離すことがありません。

では、そのような子どもは何に〝はまって〟いるのでしょう？　男の子は主にゲームが多く、女の子はメールが多いようですが、このメールでささいな行き違いが頻繁に起こり、そのことが子ども同士の人間関係を危うくさせるケースも急増しています。

例えば、次ページの図のケータイメールを受け取った子どもはどのように感じるでしょうか。「友だちじゃない」と言われて、絵文字のハートが壊れたメールです。最近のケー

図8 実際のメールでの誤解

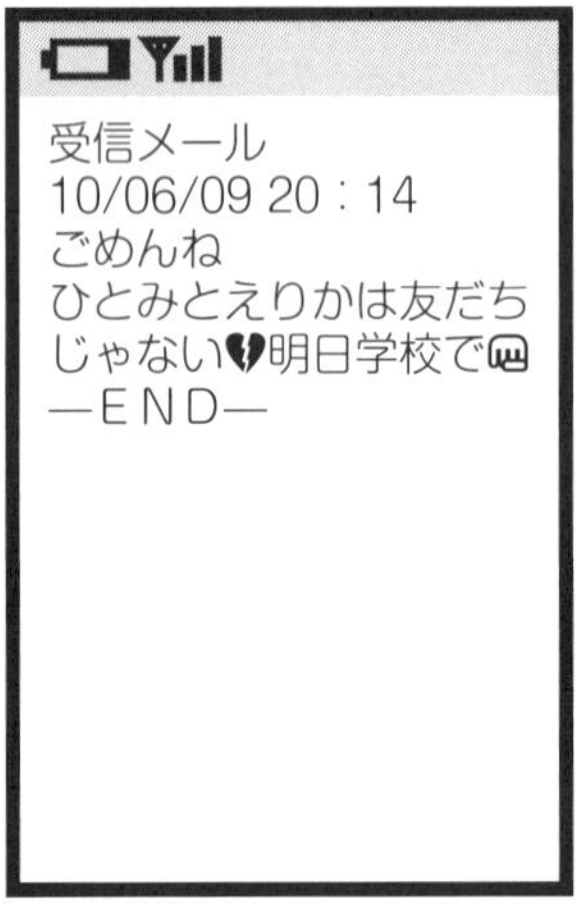
受信メール
10/06/09 20：14
ごめんね
ひとみとえりかは友だち
じゃない明日学校で
—END—

タイには「自動絵文字機能」がついたものがありますので、もしかするとこの絵文字は、文面から判断してケータイが自動的につけたものかもしれません。

それでは、このメールを送った本人は「友だちじゃない！」＝「友だちではない！」と絶交宣言をしているのでしょうか、あるいは「友だちじゃない？」＝「友だちだよね？」と確認しているのでしょうか。この文面だけだと、まったく正反対の両方の意味に受け取れてしまいます。

このように、文章だけでのコミュニケーションでは、活字だけで相手の気持ちや状況を判断しなければならず、しばしば誤解が生まれます。ましてや手書きの文章ならば何となく書き手の気持ちも文字から推し量ることができますが、メールの場合はパソコンやケータイの活字で届くので、書体から感情を想像するのは困難です。

感情をくみ取ることの難しさ

このようにメールの文面から感情を読み取ることは、簡単そうで実はとても難しいことです。大人の場合でも、例えばメールで頼みごとをした際にたまに、「了解」とだけの返事をもらうことがありますが、それだけだととてもそっけない感じがします。さらに、ビジネスの場合はそっけない印象だけでなく、相手に失礼な行為と受け取られてしまい、それ以降の取引に支障が出るかもしれません。

一方、子どもの場合は仕事ではないので、それほど重要な内容のメールはないと思いますが、文面から感情をくみ取ることができなかったり、それをしないケースも多いので、メールの文面が気に入らないと、つい仲間はずれにしてしまうこともあります。

そして、これらのことには、前述したような子どものいろいろな〝メール事情〟が拍車をかけています。

一つ目はメールで交わされるのが単語・略語のみなど、本当に短い言葉だけでやりとりが行われていることです。もちろん言葉は長ければよいというものでもありませんが、短ければ、文面から感情面の誤解を生む可能性が高くなるとも考えられます。

二つ目は、子どもの間ではびこっている30秒ルール、60秒ルールといった返信時間を制限した独自ルールの影響です。このようなルールがあると、子どもは「メールを受け取ったらすぐに返信しなければならない！」という焦燥感にも駆られるでしょう。

これらのことがお互いの感情の行き違いを生み出し、また、その行き違いがない友だちだけで結束力を高めていくこともあります。そして、しばしばその結束力からこぼれ落ちた子どもが、いじめの対象となってしまうのです。

コミュニティサイトで出会う大人と子ども

プロフ、ゲーム……どこからでも入っていけるコミュニティサイト

みなさんも「コミュニティサイト」という言葉を見聞きしたことがあると思いますが、実際はどのようなものでしょうか。これは厳密な定義はありませんが、一般的には、趣味や指向などが共通する人たちの集まる情報交換のサイトと言うことができるでしょう。

大人にとってはミクシィやフェイスブックがおなじみですが、子どもにとってのコミュニティサイトと呼ばれるようなものもいくつかあります。それらは前章で紹介したプロフへの登録から入っていく情報交換の場が代表的で、最近ではゲームのサイトでも、掲示板のような情報交換の場をもったものが一般的になっています。

しかしながら、それらのサイトは子どもの非行の温床になっているケースもあります。数として決して多くはないので、そのこと自体でコミュニティサイトの存在や利用を責めるべきものとは言えませんが、他のサイトと同様、便利さと危険が隣り合わせであること

は親としてはしっかり理解しておきましょう。

それらのサイトで子どもが被害にあう典型的な例としては、大人の男性が悪意を持って子どもになりすまし、小中学生や高校生の女の子と知り合い、メールアドレスなどの連絡先を聞き出して実際に会った挙げ句、援助交際などの関係を持ったり、薬物の使用を勧めたりすることがあります。

そして、このような場合、同年齢や少し上の歳などの子どもになりすました男性が、女の子のプロフやブログなどの書き込みに返信してメッセージのやりとりが始まります。

このような男性は、女の子のコメントに対して優しく好意的な返信を書き込みますから、女の子は見知らぬボーイフレンドができた感覚になり、学校のこと、先生のこと、部活のこと、家族のことなどを互いにやりとりするようになります。その後、子どもになりすました男性は一刻も早く女の子のメールアドレスを聞き出し、運営業者が安全のためにやりとりを検閲している可能性のあるコミュニティサイトから抜け出して、直接のメール交換に移ろうとします。

メールアドレスを聞き出してしまえば、もう誰もそれらのやりとりを監視できなくなりますので、どんな内容でも送りあうことができます。そして、当然の展開として「会おうか」という話になり、実際に会ってみると、優しいボーイフレンドだと思っていた男の子は実は悪い大人の男性で、その後、車に無理矢理連れ込まれ、誘拐されたという事例もありました。

もちろん、こうした経緯により、成人男性が女の子を車で連れ回せば未成年者略取といった立派な犯罪行為ですし、女の子がお小遣いをもらい、双方合意のうえでわいせつな行為に及んだとしても、男性は各都道府県の条例違反となります。

しかしながら、数十分のそのような行為で普段手にできない金額をもらって満足した子どもは感覚が狂ってしまい、その後、同様の行為を続けるようになるケースもあります。そのような場合はやがて、女の子のほうから20歳などと年齢を偽り、自ら掲示板やコミュニティサイトで大人を誘うようになり、行く末は売春の紹介や薬物の乱用など、どんどんと悪い道へと進んでいくことが多く、取り返しのつかないことになりかねません。

出会い系サイトは規制されたが……

かつて人と人との「出会い」を仲介していたいわゆる「出会い系」と呼ばれるサイトに

ついては、2003年に制定された「出会い系サイト規制法」により、規制が一気に強化されました。そして、この規制に伴ない、これらの「出会い系サイト」において子どもが被害にあうケースは大幅に減少し、また、これらのサイトそのものも減少していきました。

ところが、これらの「出会い系サイト」が規制される一方で増えてきたのがコミュニティサイトで、これらのサイトは「出会い系サイト」と区別するために、「非出会い系サイト」と呼ばれています。そしてこれらのサイトも前述のコミュニティ機能がある以上、どうしても人と人とのつながりをつくりだしてしまいます。

出会い系サイトはあくまで大人の男女の「出会い」を直接の目的としているので、規制の中でその登録資格や要件が厳しくなってきました。一方で、非出会い系サイトはそれらの出会いを直接の目的とせず、趣味・指向などの似た者同士が勝手に情報交換するのですから、一見、無害で健全に見えます。

しかし一方で、先に紹介したようなこれらのサイトにおける子どもの被害事例は、ユーザーが増えていくにしたがって年々深刻化しており、その手口はますます巧妙になってきています。

図9 非出会い系サイトのトラブルが問題に！

		出会い系サイト	出会い系サイト以外	差	計
検挙件数		1592	994	598	2586
被害児童数		724	792	-68	1516
	女性	720	768	-48	1488
	男性	4	24	-20	28

出典：平成21年中のいわゆる出会い系サイトに関係した事件の検挙状況等について（警察庁）

親はどの段階で知り得るのか

では、不幸にもこのような事件が起こってしまったとき、親はどの時点で知ることになるのでしょうか。このような大人の男性と小中高校生の女の子の出会いを親が事前に知ることになれば、当然ながら未然に防止しようとするでしょう。しかし実情は、親はほとんどの非行・事件を子どもが警察に補導・摘発された段階で知ることになり、また、そのような行為がエスカレートして金銭感覚が狂ってしまった子どもも、補導・摘発されるまでやめることができないのです。

また、これまでの事例を見てみると、このような事件に巻き込まれる女の子たちは、親や家族とのコミュニケーションや接点が少ない子どもに多いようです。ひとり親家庭で早くから連絡用にとケータイを与えられ、寂しさのあまりコミュニティサイトやゲームサイトにはまってしまい、気がついたらこのような事件に巻き込まれていった子どももいます。

親には親の、そして子どもには子どもの事情や興味があることは理解できますが、このような事件や犯罪にあってからでは遅いのです。

「隠語」を使った危険なコミュニケーション

「穂別、WU吉」って何？

84～85ページの一覧をご覧ください。これはケータイを使って、前述のような援助交際や薬物犯罪などを行っていた小中学生や高校生が実際にコミュニティサイトや掲示板のメッセージで交わしている「隠語」の一覧表です。あなたはこれらがどのような意味だかわかりますか？

例えば、「穂別2」と言えば、これは、「ホテル代は別で2万円（で売春しよう）」、「WU吉」は「U吉→諭吉→1万円札」がW（ダブル）で、つまり「2万円（で売春しよう）」という意味になります。これらの隠語は、子どもと大人の間の主に援助交際における交渉に使われ、これらの仲介が行われているインターネット上のコミュニティサイトや掲示板ではよく使われる言葉です。試しに検索エンジンに「穂別2、ホ別2」などと入力

■個人情報の交換方法	
平成09年08月19日3時45分24秒	090-8193-4524
みかやわらか銀行	mika@softbank.ne.jp
みかあっとマーク以降は子どもだよ	mika@docomo.ne.jp
■年齢の表現	
JS6	女子小学6年生（J→女子、S→小学生）
JC2	女子中学2年生（C→中学生）
JK1	女子高校1年生（K→高校生）
リア消	本物の小学生（リア→リアル、消→小→小学生）
リア厨	本物の中学生（厨→中→中学生）
焼酎の人	小学生、中学生（焼酎→小中→小学生、中学生）

出典：全国webカウンセリング協議会隠語集より抜粋

■掲示板の書き込み例

■89. 援助　大阪　　返信　引用

名前：とこ　日付：2011/11/02　23：41

大阪でサポおねがいできませんか？
年は中学生です。
きになったらメールください

□141.Re: 援助　大阪
名前：ぽー　日付：2011/11/03　00：42
いくら？　条件おしえて

■88. 大阪でゴム月　　返信　引用

名前：健一　日付：2011/10/31　03：16

金額をメールしてね

□94.Re: 大阪でゴム月
名前：さな　日付：2011/12/18　22：01

ゴム有Fなしホ別2.5～
事前に写メ交換お願いします。

返事待ってます。

図10　カテゴリー別隠語集

■援助交際	
15本3	15歳本番プレー3万円
苺佐保	15000円援助してね（苺→1.5）
WU吉	20000円（W→ダブル→2枚）
TU吉	30000円援助してね（T→トリプル→3枚）
差して	サポート（援助交際）してね
Sして	
SPでね	
指して	
￥して	
1715	17歳15000円
瓜だよ	体を売ってます（瓜→売り）
三也1800ゆきちさん14	池袋で午後6時、14歳3万円で（三池→池）
神	家出少女をただで泊めてくれる人
リクムービー	動画のリクエスト
■違法薬物	
クリスタル	覚せい剤
氷	
冷たいの	
スピード	
ロープ（麻ひもから）	大麻
葉っぱ	
草	
93	
ロック	コカイン
P	覚せい剤用の注射器
虻	炙りで
ペケ	MDMA
乾燥部しよう	ドライブしよう（乾燥→ドライ）
キメ友募集	覚せい剤仲間募集
■学校裏サイト	
タヒね	死ね
氏ね	
市ね	
逝ってよし	死んでしまえ
肝い	気持ち悪い
米白だ	粕だ
基地外	気が狂っている

して検索してみてください。これらの言葉を使って書き込まれた記事が載っている掲示板などが容易にヒットするはずです。

なぜ隠語を使ってまでコミュニケーションを取ろうとするのか?

では、なぜコミュニティサイトや掲示板ではこのような隠語が使われるのでしょうか。それは、第一に彼らはこのような隠語を使うことによって、自分たちだけのコミュニケーションを取ろうとするからです。そのために第三者にはわからないような言葉を使いたがる傾向があります。仲間同士の暗号のようなものです。

そして、もう一つの理由は、検閲から逃れるためです。主にコミュニティサイトにおいては、「サイト内の秩序を保ち、子どもを守る」という目的で常に投稿された記事の検閲が行われています。これらの検閲はコンピュータによって該当する単語を探し当て、自動的に警告するものと、人が監視しているものの両方が存在します。そして検閲で警告・削除されるものは、売春、薬物など違法行為につながる言葉や個人連絡へとつながるメールアドレス、電話番号などです。

直接このような単語を使ってコミュニティサイトの掲示板やメッセージに書き込むと、即座に削除されたり投稿禁止の措置が取られたりしますが、隠語をうまく使って書き込めばこれらの監視を巧みに逃れることができるのです。隠語によってそのメッセージを伝えたい相手と連絡を取り、個人メールや電話番号を交換できてしまえば、後は直接メールや電話でやりとりをすればよいので、もうコミュニティサイトは必要ありません。犯罪をたくらんでいる人たちはこのようなやり方で連絡を取り合い、目的を達成しているのです。

最近のコミュニティサイトでは、ここで取り上げたようなある意味「有名な」隠語に関しては監視を強化し、自動削除の対象になっていると聞きますが、そうなると今度は別の漢字や言葉を組み合わせて別の隠語をつくりだしたりと、いたちごっこが続くのです。

第3章　正しい情報と知識で子どもを守る

情報を冷静に判断する習慣をつける

■全ての情報を自分で判断する時代に

従来、新聞・テレビ・出版といったメディアには、複数の人による一定水準のチェック機能があり、それにより信憑性を維持し、情報を伝えてきました。

ところが、インターネットの出現によりその状況が一変しました。インターネットでは誰もが簡単に情報発信できるため、チェック機能が十分に働かないまま情報が拡散するケースが増えてきたのです。特に、自分本位で発信した悪口や犯罪行為をにおわせるような情報が拡散し、その結果発信元であるサイトが「炎上」するような事態も起きています（詳細は第2章をご参照ください）。

基本的には、ニュースなどで伝えられる情報や信頼できるサイト上の情報は「ある程度は正しい」ということを前提にしないと、話がそこで止まってしまいます。ですが、インターネット上には無数にサイトがあり、その中には前述のコミュニティサイトや掲示板サイト、質問サイトなどもあります。

これらのサイトには原則、誰でも書き込むことができ、さまざまな意見が交わされることによって盛り上がっているものもたくさんあります。そのためにそれらの意見の信憑性に関しては誰も保証するものではなく、自分で判断するしかありません。

インターネット上の情報について、「全てが怪しい」と疑うのはやりすぎですが、かと言って全て鵜呑みにするのも危険なことです。最近起こった中学生のいじめによる自殺の報道では、インターネット上に事件と全く関係のない人の個人情報が「加害者の親族」だとして掲載され、それによって脅迫や抗議の電話が職場に殺到し、業務ができなくなったということがありました。

誰でも情報を投稿できるインターネットの情報の信頼性については、全て自分で判断しなければなりません。これからの時代を生きる私たちは、このようなインターネットの特性を理解して、子どものうちからそれぞれの記事や情報の信頼性を判断できる能力を養うことが必要となってきました。

■情報を冷静に判断するための3つの習慣

インターネット上のさまざまな情報の真偽について、「自分で冷静に判断しなさい」と言っても、大人でも難しいのですから、子どもにとってはなおさらです。そのため、それらをどうやって判断するか、もう一段噛み砕いて伝えていく必要があります。そして、このとき大切なのは、次のような習慣を子ども自身に身につけさせることです。

●一つの情報に関しても複数のサイトを見て比較する

例えば、自分の学校の裏サイトに下級生の万引き事件の噂が書き込まれているのを見つけ、それを興味本位で他の友だちにメールで伝えてしまった後で「実はそれは同姓同名の他人の犯行だった」ということが明らかになることがあります。このような場合、犯人と名前が同じというだけで勝手に根も葉もない噂を立てられた下級生の名誉は著しく傷つくことになります。

このように、インターネットは誰でも情報を発信できる分、その情報が誤っていることも多々あるので、一つの情報に対しても必ず複数のサイトを見て、それらの情報を吟味することが大切です（もちろん、興味本位で情報をむやみに拡散させたりしないことも重要です）。

●一部の人の意見だけを鵜呑みにしない

「みんなやってるから大丈夫」などと、一部の人の意見だけを鵜呑みにすることも、大変危険です。その人たちがどういう情報をもとにそのように述べているのか、また、なぜそのように述べているのか非常にあいまいな場合が多いからです。

そして、それらの情報が全て正しいという保証はどこにもないのです。

●周りの人や家族に相談してみる

どんな話でも、一度親や兄弟など、周りの人に相談する習慣をつけさせることです。例えば、友だちから「△△先生が交通事故を起こしたらしいよ」といった話が伝わってきたときに、このまま別の友だちに情報が広がってしまうと、△△先生は加害者であるという情報が伝わってしまいますが、実際には加害者ではなく被害者だった、ということもあり得る話です。

このようなときでも、手に入れた情報をそのまま拡散させるのではなく、周りの人に相談していろいろな意見を聞いたり一度冷静になってみることで、その情報自体の真偽や信憑性に関しても考えられるようになってくるのです。

「一つの情報に関しても、複数のサイトを確認し、一部の人の意見だけを鵜呑みにせず、また、周りの人にも相談してみる」……この意識をしっかりと持っておけば、自分が間違った情報源になることや、チェーンメールを拡散させることも防ぐことができるでしょう。そして、このことはいじめや脅迫などの「マイナス情報」だけでなく善意の寄付や献血、安全などの「プラス情報」に関しても同様です。

前述しましたが、特に東日本大震災の後には「安全情報」や「危険情報」のチェーンメールが飛びかいました。しかし、これらのほとんどがデマであり、地震といった非常事態の中で多くの人に転送され、その途中でさまざまに変化したことで、さらに大きな混乱が生じました。このように、手に入れた情報を他の人に伝えるということは、よかれと思ってしたことが全く逆の結果を招くこともあるのです。

「定額制」で見えなくなった通信料（パケット代）に注意

パケット課金とはどのような仕組み？

最近では多くの人のケータイがスマートフォンになってきています。これまで子どもが手にする最初のケータイは、親が契約する電話会社のガラケー（ガラパゴスケータイ：日本の昔からある一般的な携帯電話のこと）が主流でしたが、メーカーの最新機種がほとんどスマートフォンになってきた現在、子どもにとっても最初からスマートフォンを手にする時代になりつつあります。

そして、このスマートフォンの普及に伴なって、より浸透してきたのが、「パケット課金」という料金設定です。

では、そこでの基準となるパケット代（パケ代）とは何でしょうか。ここでおさらいをしておきましょう。パケット代とは、ケータイメールやウェブページの閲覧などをするときにかかるインターネットの通信料のことです。１９９９年にＮＴＴドコモが携帯電話でインターネットができるサービス「iモード」を開始し、その頃からこの課金方法が浸透し始めました。それまではやりとりしたデータの量にかかわらず、電話での通話のようにつないでいる時間単位で料金がかかっていましたが、パケット課金では接続している時間には関係なく、やりとりしたデータの量で料金が決まります。

1パケットという単位では、128バイトのデータ通信ができます。これはアルファベットの半角で128文字、日本語だと全角ですから64文字分ということになります。つまり、64文字までの通信をするのならば、1パケット分の料金ですむ、ということです（実際にはヘッダ情報と呼ばれる相手先や差出人のメールアドレスなどの情報が自動的に付加されるので、本文として送信できる文字数はもう少し少なくなります）。

iモードが登場した当初、1パケットあたりの通信料金は0・3円で設定され、今もその定価の料金基準はほとんど変わっていません。1パケット0・3円として単純に計算すると、仮に1メガバイトの写真を送ったとすればパケット代は2400円、5メガバイトの通信ではなんと1万2000円となります。現在はどの携帯電話会社でもさまざまな割引制度やこのパケット代が月額4000～5000円の定額で使い放題になる「定額コース」があるので、気軽に写真や動画をやりとりしたり音楽などをダウンロードしたりできますが、定価の従量制だとこのような信じられない金額がかかってくるのです。

また、このパケット代と呼ばれる通信料金は、情報を発信した側だけでなく、受信した側にもかかる仕組みになっています。つまり、基地局（センター）を通過したデータ量に対して、双方から課金されるのです。

おじいちゃんに運動会の動画を送って3万円!?

この「パケット課金」という料金設定は、ケータイで簡単な文字のメールぐらいしかやりとりできなかった頃の基準でつくられたもので、写真や動画などの大容量のデータを普通に大量に扱う現在からすると非常に時代錯誤な感じがしますが、使い方の変化に応じて契約内容も変更していかないと、次に紹介するような事件にもつながります。

これは、小学生が運動会で撮った動画を自分のケータイから田舎のおじいちゃんのケータイに送ったケースです。子どもはごく普通にケータイで動画を撮っておじいちゃんに見せようと思って送ったのですが、後からその月のケータイ代の請求書を見て、おじいちゃんはびっくり！　普段そんなにケータイを使わないおじいちゃんの請求額がなんと３万円を超えていたのです。

普段、通話はほとんどせずに、写真や動画を普通に送りあっている子どもは当然「パケット定額」のプランで契約していたので、ケータイ代は毎月5000円程度ですが、普段、ケータイを通話のほかはほとんど使わず、ましてやメールやインターネットなどの使い方もおぼつかないおじいちゃんは、昔の契約のまま使っていたので、パケット代金はそのまま定価で請求されていたのです。

子どもとしては、このような高額な通信料がかかるとはつゆ知らず、ただおじいちゃんに喜んでもらえると思って動画を送ったのでしょう。ところが、前に紹介した通り、パケット代金は受信した側もかかるので、そのことを知らなかったおじいちゃんは孫から送られた動画を喜んで受け取り、非常に高額な代金を支払うことになってしまったのです。

親子揃ってケータイの「料金体系」を押さえておこう

現在のケータイの料金体系は非常に複雑でわかりにくく、かつ、自分の使い方のスタイルに合わないままにしておくとこのような「事故」が起こることもあります。

そのため、ぜひ一度、親子でケータイ料金のことをしっかり話し合ってみる機会をつくってください。「パケット定額制」に関しては、写真や動画などのやりとりでデータ通信量がどうしても多くなってしまう現在、このような通信料金の高額請求という事故を避けるために契約しておくことを強くおすすめしますが、このような話し合いはその他の使い方に関しても親子で改めて考えるよい機会になることでしょう。

料金をきっかけに話し合えば、そのことをルールづくりの一環としても利用できますし、ケータイの料金がどのような金額になっているか、子ども心にも理解することにつながります。

ケータイ代の未払いは将来大きな問題に

■「ケータイ代」に隠れているもの

毎月のケータイ代（使用料）に関しては、親子が一緒になってまず考えたいトピックですが、昨今その話し合いに加えるべきものとして、ケータイの機器そのものの代金に関することがあります。

現在、各社から新しく発売される主要なケータイの機種がいわゆる従来のガラケーからスマートフォンへ移行していますが、そのスマートフォン本体そのものの料金はいくらぐらいかわかりますか？　これらは、まさに手のひらに載る小型のパソコンであり性能も高いので、機種によって多少の差はありますが新品だと5万～7万円と非常に高額です。

これらを新規で購入したり機種変更したりして手に入れる際は、通常一括払いと分割払いの選択ができます。一括払いの場合はその場でケータイ本体の代金を支払って購入するのですが、このように非常に高額のため、多くの人は分割払いを選択します。

分割払いの場合は毎月のケータイ代にその金額がプラスされて請求されるのですが、ほとんどの場合は金利もかかりませんし、いろいろな割引によってその毎月の支払い代金分が相殺されたりするので、2年ぐらい使えばほとんどケータイ本体の金額はタダになる計算です（そのかわり2年以内に解約すると高額な違約金がかかります）。

ところが、契約や支払い、債権債務の関係ではこの「毎月の通信・通話料」と「ケータイそのものの代金」は、厳密に区分けされているのです。つまり、「2年間使えば実質タダになる」という説明を受けて契約書にサインをするのですが、一括払いにしない場合は全て契約上「ケータイをローンで買っている」ということになるのです。そして、毎月使い続ける限りは、割引という制度でこの金額を携帯電話会社が補てんしてくれているという仕組みなのです。

これは非常にわかりにくいのですが、とても重要なことなので親も子どもも理解しておくべきでしょう。特に中学生以上の子どもには、その理解が欠かせません。その理由を次に詳しく説明します。

■社会問題化する未払い事案

前述の通り新しいケータイを一括払いで買わない場合はローンで買うことになるのですが、では、ローンで買うというのはどういうことでしょうか。

ローンというのは、住宅や車など一括で支払うのが難しい高額なものを購入するときに、いったんお金を借りて支払い、それを何年かの間に分割して支払う仕組みです。当然、利用者には毎月の返済義務があり、もし滞納すればローン会社に対する債務不履行ということになり、滞納を続ければ最終的には家や車を差し押さえられたりするほど厳しいものです。つまり、ケータイに関しても状況は同様で、その代金を滞納すれば厳しいペナルティが科せられるのです。

毎月の割引制度によってケータイの機器代が相殺される仕組みに関しても、これは毎月の通信・通話料がきちんと支払われる前提で成り立っています。ですから、毎月の料金の未払いがあれば、当然この割引も適用されなくなってしまいます。

最近の若い人の中には、「毎月のケータイ代を2、3か月滞納したとしても、電話が止められるだけでまた支払えば使えるようになる」と考えて平気で滞納する人もいるようです。ところが、ケータイの機器代も分割で支払っている場合は使用料の滞納だけでなく、ローンも滞納することになってしまうのです。

こうなると事情は違ってきます。いわゆるローンの踏み倒し事案として、ローン会社（この場合は携帯電話会社の系列のクレジット会社）からＣＩＣという信用情報機関に情報が登録され、要注意顧客ということで、いわゆるブラックリストに載ってしまいます。一度ブラックリストに載ってしまうと、その後ケータイ代の支払いが再開されてローンを完済しても、それから5年間は消えずに載り続けるということになります。

ケータイ以外でもローンを組もうとした場合、その申し込みを受けた会社はこのＣＩＣという機関にその申し込み者の信用情報を確認することになっていますので、少なくともブラックリストに登録されている間は他のケータイはおろか、別のローンを組むことも非常に難しくなります。

例えば、大学生になった子どもが自分でケータイを買ってこのような事態になると、将来その子どもが車や家などを買おうとした時にローンを組むことができなくなる可能性がありますし、もし、親の名義でケータイを購入していた場合は、今度は親の名前がブラックリストに登録されてしまいますから、親の信用情報に傷がつくことにもなります。

ＣＩＣの調査によると、現在、ケータイ代のローン滞納者は１７０万人以上となっており、さらに増え続けています。まさに、ケータイ代の未払いは大きな社会問題になりつつあるのです。一般的に信用情報機関のブラックリストに登録された情報は完済後5年間で抹消されるとされていますが、各ローン会社は独自の顧客情報を管理しており、それらの審査条件などは非公開の場合がほとんどです。

当然、それらの会社も滞納をする可能性のあるような顧客とは取引をしたくないので、このような支払いの事故を一度でも起こしてしまうと、その後のローン契約で不利になることがいろいろと起こるかもしれません。たかがケータイ代と考えがちですが、ことに滞納に関してはそのぐらいに厳しいものなのです。

現在、ケータイを最初に持ち始める年代は、小学校高学年から中学2年生ぐらいですから、従来ではこのようなローン問題に直面することはなかった年代です。しかし、このような分割払いが一般的になってきた現在では、子どもだから関係ないとは言えなくなってきました。

最後に、今まで見てきた事例とは逆に、子どもの名義で契約したケータイ代を親が支払っている場合、たとえ親が料金を支払い忘れたりして滞納したとしても、今度は子どもの信用情報に傷がつくことになりますので、十分に気をつけてください。

架空請求は何もしていなくてもされる

架空請求の定義は？

前章で「ソーシャルゲーム」での高額請求の例を紹介しましたが、子どもは「実際に何もしなくても請求メールやハガキが届く」架空請求にも狙われています。１０８ページの図の通り、現在子どもがケータイに関連して困っている問題の第一位となっています。

この架空請求を含んだ迷惑メールは私のところにもよく届きますので、みなさんのケータイやパソコンのメールにも届いたことがあるのではないでしょうか。みなさんの中には迷惑メールがあまりにもひどいのでアドレスを変えた、という方もおられるでしょう。これらの架空請求については調査データもあり、また、詐欺事件との関連もありますので、ここできちんと定義しておきましょう。

架空請求の定義の一つは、「サイトの利用はおろかサイトへのアクセスも何もしていないのに、ある日突然請求がくること」です。これは、悪質な架空請求集団などがサイトの運営業者を装い、老若男女の区別なく片っ端からメールを送りつけることで起こります。

もう一つの定義は、「サイトへのアクセスなど、何らかの使用はしたけれども、民法上の契約が成立していないのに勝手に料金が請求されること」で、これは悪質なアダルトサイトなどでよく見かける手法です。興味本位でバナー広告をクリックしただけで、あたかもこちらの個人情報を全て取得したような偽の表示を出し、「7日以内に××万円振り込んでください」などと表示するものが大半です。

悪質なものになると、いったんクリックしてしまうと振り込みの要求と共に警告画面やアダルト画像がパソコンのデスクトップやケータイの待ち受け画面からなかなか外せなくなるようなこともあります。

そして、これらの架空請求で最も悪質なものでは、「○○の代金をまだお支払いいただいておりません。これが最後通告です。お支払いいただけない場合は、自宅や会社まで伺います」といったメールやハガキを送ってくるケースもあります。

架空請求をする側にとっても、低い金額だと儲けにならず、高額だと支払ってもらえないので、請求された側が「面倒だから、今回は払ってしまおう」と思える金額を設定していることが多いのです。

図11 子どもがネット上で悩んでいること（件、％）

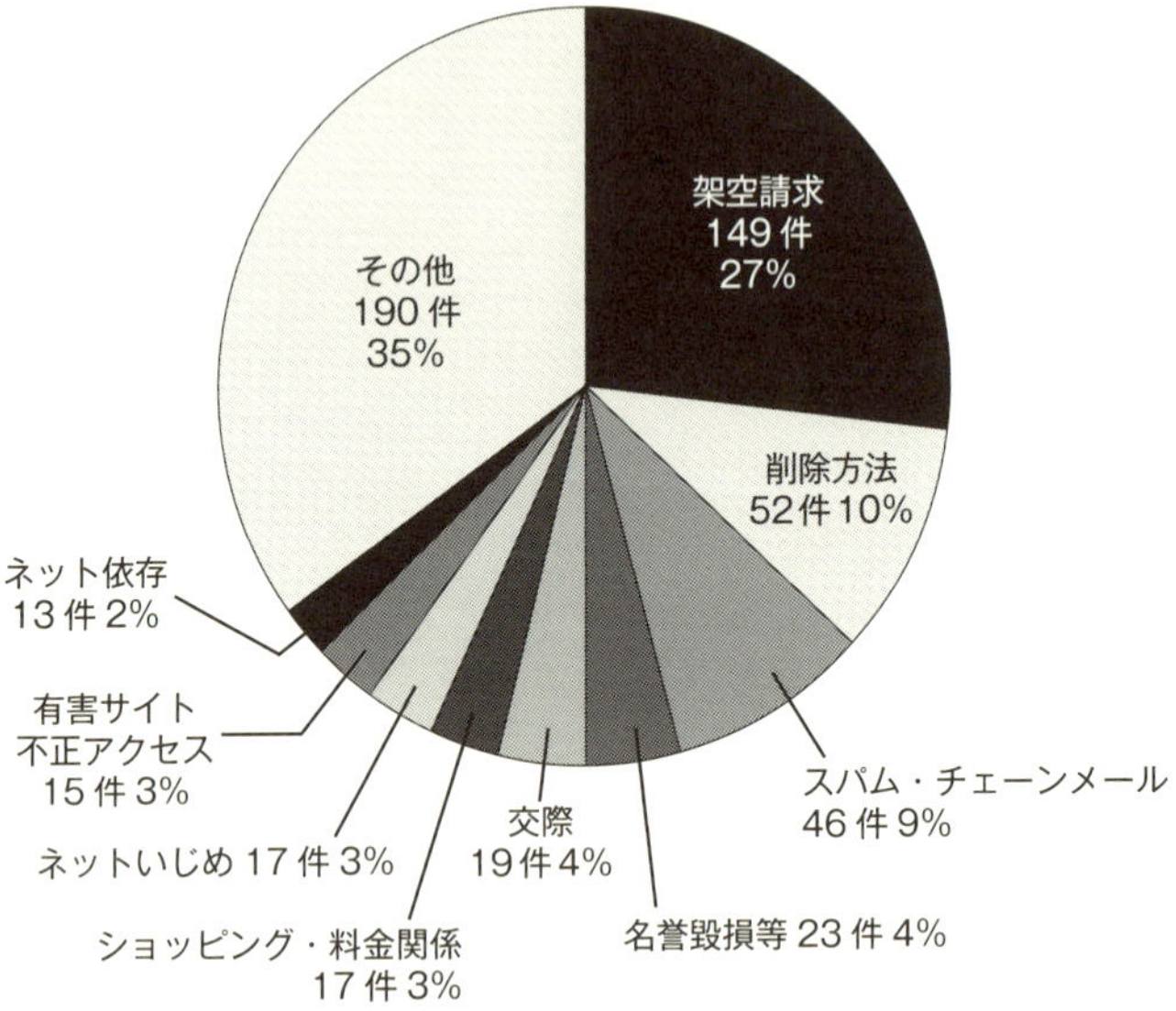

第1位：架空請求

第2位：削除方法
掲示板やネットのコミュニケーション
機器関連のトラブル

出典：東京こどもネット・ケータイヘルプデスク（こたエール）平成21年度相談実績

図12 架空請求の実態と実際

■実態

請求金額
最高額：40 万円
最低額：2570 円
最頻額：3 万 2000 円
平均：5 万 7587 円
支払った最高額：27 万円
＊金額はこたエール平成 21 年度相談実績

■実際

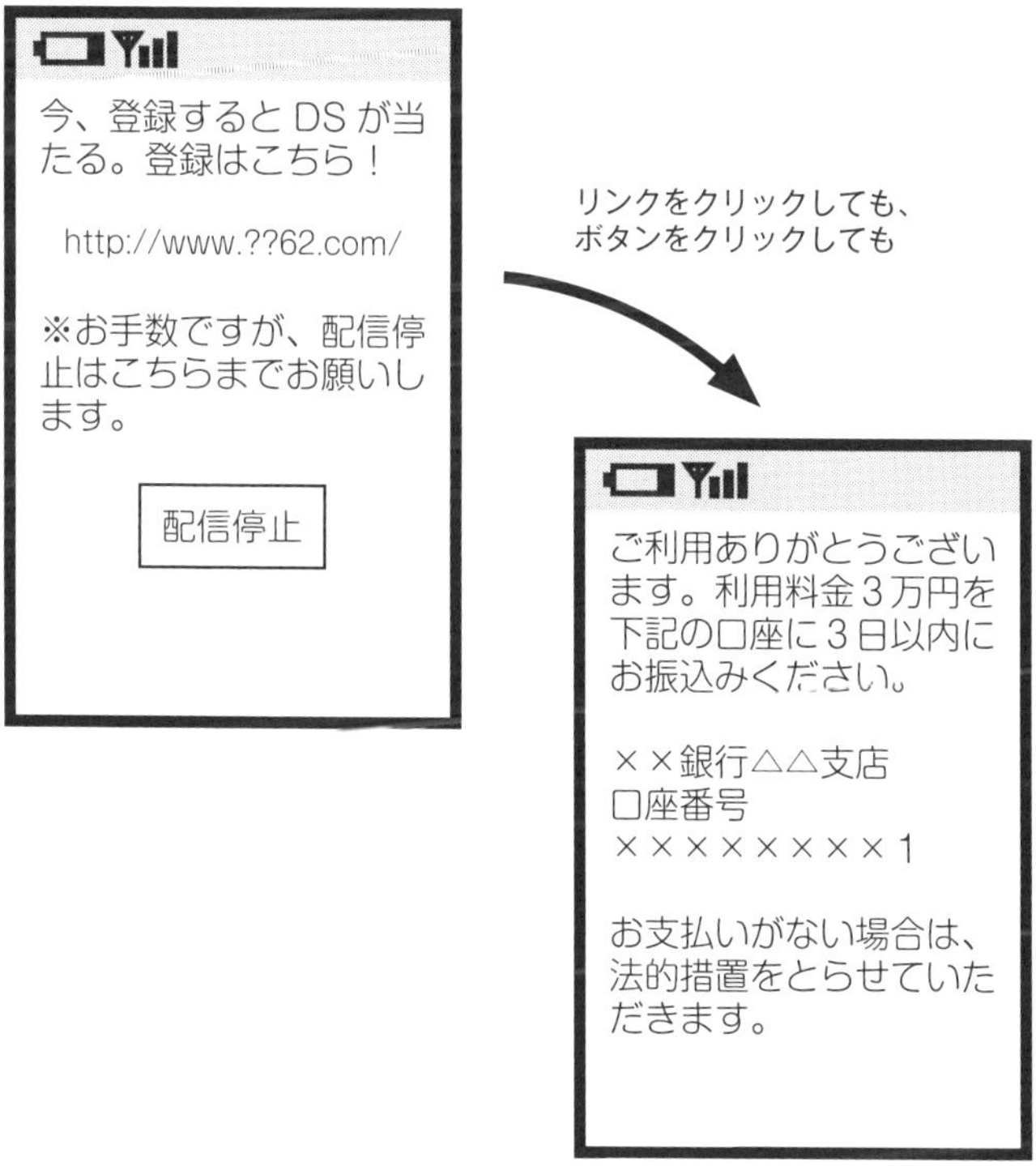
今、登録すると DS が当たる。登録はこちら！
http://www.??62.com/
※お手数ですが、配信停止はこちらまでお願いします。
配信停止
リンクをクリックしても、ボタンをクリックしても
ご利用ありがとうございます。利用料金３万円を下記の口座に３日以内にお振込みください。
××銀行△△支店
口座番号
××××××××１
お支払いがない場合は、法的措置をとらせていただきます。

架空請求に使われる迷惑メール

こうした架空請求メールの送付と切っても切れない関係にあるのが「迷惑メール」です。出会い系サイトやアダルトサイト、海外のアダルト通販サイトなどから次々と送られてくるメールは明確な迷惑メールですが、一方、一度購入したことのある通販サイトから毎日山のように送られてくる商品案内やメールマガジンも迷惑メールに含めるという人もいてその定義は人それぞれです。

このようなメールのうち、架空請求を行う業者のメール配信に対しては、配信業者やプロバイダー側もある程度は注意を払っていますので、それらのチェックをかいくぐって海外のサーバーから送りつけてきたりします。そして、これらの架空請求は一種の「振り込め詐欺」のようなもので、一つの手口が終わればまた次の手口、とだんだん巧妙になってきています。

アダルトサイトの請求書の場合、子どもによってはケータイで少々エッチなサイトを見てしまったような罪悪感もあり、「親に相談すると怒られるから自分（たち）で解決しよう」と考えます。そして、自分ひとり、あるいは友だちと相談して自分たちの手持ちのお金をかき集めて銀行のATMで振り込んでしまったりするのです。

いったん振り込んでしまえば、相手側にとってはいいカモです。次々と別の請求がされますが、さすがにもうそれ以上は支払えないので、この時点でやっと親や先生に相談して問題が発覚する、といったケースが報告されています。

親子で使い方を相談するきっかけに

このように、架空請求は手を変え品を変え、さまざまな手口で子どもに近づいてきます。摘発された例もいくつかはありますが、依然としてその数は減っていません。今日もおびただしい数の架空請求メールがその他の迷惑メールと同様、子どものケータイにも届いているのです。最近では携帯電話会社もこれら迷惑メールの対策には力を入れているので、迷惑メール受信拒否の設定を適切に行えばほとんど防ぐことはできますが、それでもある日突然大量に送られてきたりすることがあります。

そして、これらのメールの送信者は相手が誰であろうとかまわず、無差別に大量のメールを送ってくるので、子どものケータイにさえ、脅迫めいたとても怖い文面のメールや非常にわいせつな表現を伴ったものが送られてくることもあります。

現在、私は東京都eメディアリーダーの一員として、都内を中心に各小中学校にて定期的に講演活動を行っていますが、講演後の質疑応答の時間にも一番多い質問はこの架空請求や迷惑メールに関するものです。やはりみなさんが知りたいのは「このようなメールが自分や子どものケータイに届いたらどのように対処するべきか？」ということです。

基本的にはこれらの架空請求やその他迷惑メールに対しては、「いっさい返事をしたりせず、無視して即座に削除し、ケータイの迷惑メール防止機能でそのメールが今後届かないような設定をする」というのが共通した正しい対処法です。絶対に抗議や問い合わせの返信をしたり、そこに書いてある電話番号に電話をしたりしてはいけません。このようなことをすると、「そのアドレスが存在していて実際に使われている」ということを相手に知らせることとなり、さらに電話番号も相手に知られてしまった場合などはメールだけでなく電話でも不当請求や嫌がらせをされるかもしれません。

また、実際に子どものケータイにそのようなメールが届き、親が相談を受けたときはどのように対応すればよいでしょうか。親としては子どもに「お前、なんか変なサイトを見たんだろう」とか「変なメールに返信したんだろう」などと言ってしまいがちですが、絶対にこのような対応をすべきではありません。これらのメールは前述の通り、完全に無差別で一方的に送られてくるので、子どもがサイトを見たとか返信をしたといったことはいっさい関係がないからです。

一方、子どもも親に相談するとまず怒られるだろうと考え、親に話すのも躊躇して自分たちだけで解決しようとする傾向があります。しかしながらこれは本当に危険なことですので、普段からこのような架空請求や迷惑メールの仕組みを親が理解し、「もしそんなメールが届いたらすぐに相談するんだよ」という風通しのよい親子関係をつくっておくことが大切です。このようなところからケータイの使い方について親子で話し合うきっかけにするのもよいでしょう。

万が一、しつこい請求が続き、子どもが怖がっている場合やメールだけでなく電話までもがかかってきたりした場合は、子どものケータイを親が預かるなどして、まず子どもの不安を取り除いてあげることが大切です。そして、その後は迷わず警察や消費生活センターなどに連絡してください。架空請求に関してはもういたずらなどではなく、立派な詐欺行為で犯罪です。なお、この本の巻末に各相談窓口の連絡先を載せておきましたのでそちらも参考にしてください。

ネットの書き込みに完全な匿名はない

メールもプロフも匿名？

子どもの間で常識となっている「プロフ」では、名前に関してはほとんどの子どもが愛称や匿名で登録しています。その後ソーシャルゲームなどを始める子どもも、そのＩＤを本名で登録することはほとんどありません。

このように、子どもなりに「インターネットに実名を載せることは危険だ」という認識が広まってきているのは正しい見解なのですが、そこで子どもが少々誤解していることがあります。それは、「インターネットは匿名ではない」ということです。

インターネットに接続する場合、パソコンからならばプロバイダーなどの接続業者、ケータイからならばその携帯電話会社を経由することになります。その際に犯罪防止の観点から、「何月何日何時何分に誰がどのサイトに接続した」という情報は全て記録されているのです。たまに「○○に爆弾を仕掛けた」などという内容をいたずらでインターネットの掲示板に書き込み、業務を妨害したということで検挙される子ども（大人も）がいますが、これはそのような記録をたどって本人を特定した結果です。では、そのやり方を詳しく見ていきましょう。

時間はかかるが、特定はできる

メールでもサイトの閲覧でも同様ですが、インターネットでのユーザーのアクセス情報は、ログといわれる形でプロバイダーや携帯電話会社などが全て記録しておくことが義務づけられています。

少々専門的になりますが、インターネットに接続する際は、パソコンでもケータイでも必ずＩＰアドレスという番号が使用されます。この番号は全てが異なった数字であり、重複することがありません。そのため、「何月何日の何時何分にどのサイトに接続していたアドレス」というものが特定できるので、それを突き詰めていけば誰が接続していたのか、という情報が割り出せる仕組みになっているのです。

しかしながら、通常はそのＩＰアドレスから個人を特定するようなことは行われません。

通信業者には通信の秘密を守る義務がありますから「ログ」は記録されていても簡単には開示することはありません。

開示されるのは、犯人の特定のためにどうしても個人の情報が必要な犯罪が起こったときのみです。それも警察や裁判所の公式な開示請求がない限りは行われません。

一度ネットに流れた情報は完全に削除はできない

何でもできるインターネットの情報

インターネット上の画像や情報は、ほとんどが簡単に自分のパソコンやケータイに保存することができますし、加工や転送、さらには改ざんなども容易です。

ところが、このように「何でもできる」インターネットにおいて、唯一簡単にはできないことがあります。それは一度インターネット上に公開してしまった情報の「削除」と「回収」です。子どもは自分のプロフやブログが、友だちの間でしか見られていないと勘違いして自分や友だちの写真を安易に載せることがよくありますが、これらの写真に関して、それらのサイト上に載せるということは、全世界に向けて公開することを意味します。そのため、何らかのキーワードで検索エンジンに引っかかってしまい、本来、友だちの間だけで楽しもうと思っていた写真が全く知らない第三者に見られてしまったり、場合によっては保存されてしまうこともあるのです。

さらに、それらのサイト上で自分から発信したり、掲示板で友だちとやりとりした内容なども他人から見られる可能性がありますし、その言葉が検索エンジンの検索キーワードに引っかかることもあります。「友だちしか見ていないから少しぐらいいいや」という気持ちで反道徳的な内容（例えば、過去に行った万引きやいじめ、未成年者の飲酒、喫煙その他法律を犯した経験など）を書き込んだりして、その内容や言葉が検索エンジンなどで第三者の目に触れた場合、前章で述べた「炎上」という状況を引き起こすことも少なくありません。

子どもは、もし何か問題のある発言や内容を投稿してしまったとしても、「それを自分で削除すれば消せるから大丈夫」と思っているケースが多いようですが、これは間違った見解です。前に述べたように、インターネット上の画像や文字は容易にコピーや保存をしたり転載したりできるのですから、自分で削除をした時点ではもうすでに別の第三者にその内容をそっくりそのまま保存されているかもしれません。また、インターネット上には「魚拓サイト」と呼ばれる、ほとんどのサイトの過去の掲載内容を自動的に保存する機能を持ったサイトが存在し、このようなサイトを見に行けば、「あるサイトが数日前にどのような内容であったか」ということを知ることもできるのです。

最後は勝手に「まとめサイト」に

このように、プロフやブログと言えども、インターネット上に一度でも投稿された内容は基本的に完全に削除することはできないのです。特に、そのサイトが「炎上」するような事案が発生した場合は、全く関係のないおびただしい数の第三者がその事案に対して「祭り」などと称して面白おかしくもり立てたりすることがあります。

ここまできてしまうと、当事者としてはもう対処のしようがないような状況まで追い込まれることもありますし、特に社会的な影響が大きいような事案だと、その経緯や状況、内容などを勝手にまとめてインターネット上に公開するような輩が現れることがあります。それらの輩が作ったサイトが前章でお伝えした「まとめサイト」です。

現在、インターネット上には無数の「まとめサイト」なるものが存在しますが、これらは全て発生してしまった事件や事故に関しての経緯を面白おかしくまとめ、誰が見てもすぐにその事件がどのようなものであったのかがわかるようにつくられています。

これらの「まとめサイト」をつくる主な目的は大騒ぎを起こすことですから、その作成者は火に油を注ぐことはあれど、当事者や、ましてや最初の発言者の擁護などは絶対にしません。特にそれらのサイトに広告を貼っていて、サイトへの訪問者が増えれば増えるほど儲かるようになっているような場合には、そのようなサイトをつくることは自分の収入を増やすためにも重要なのでしょう。

このようにインターネットというメディアでは、たった一つの失言が「炎上」を含めた非常に大きな問題となり、思ってもみなかった事態に発展することがあります。このようなきっかけとなり得る、他人の批判やプライバシーをさらす行為、過去の犯罪行為の告白などはプロフやブログでも決してしないということはとても大切なことです。一度発言をしてしまうともう取り消しは一切効かないのですから。

個人を特定できる情報は入れない

それでは、具体的にはどのように使っていけばよいのでしょうか。「結局、削除できないのなら、インターネット上には情報を全く載せない」というのも一つの考え方ではあります。しかし、これからネット社会を否応なしにも突き進んでいかなければならない子どもに対しては、どのような情報ならば載せてもよいのか、また、どのような形で載せるべきか、ということをきちんと教えておく必要があると考えます。

　そのため、子どもに対しては、前述のインターネットの特性を十分理解させたうえで、他人の悪口や中傷、プライバシーを侵害するような情報などを決して書き込まないことはもちろん、大人になって自分の言動に責任がもてるようになるまでは、自分個人を特定できるような情報も載せるべきでない、ということを教えておく必要があります。

　ここで述べた個人を特定できるような情報とは、名前や学校名はもちろんのこと、生年月日、住所、電話番号、家族構成、写真などです。


　なお現在、全国の小中学校の多くは独自でウェブサイトを持っていますが、この運用に関しても文部科学省や各教育委員会が個人情報保護のためのガイドラインをつくっており、それらに従って運用されているため、児童・生徒が識別できる写真やその他個人情報を掲載しないように、細心の注意が払われています。

簡単につくることができるプロフ＆掲示板

数分でつくれる掲示板

これまで見てきたように、「プロフ」は、ケータイを持った中学生ならほぼ全員が登録していて、自分のプロフサイトを持っていますが、そのことを知らないのは親だけ、と言えるかもしれません。この「プロフ」は、簡単な登録をすませて、その後は質問に答えていくだけで、ほんの数分もあればつくることができます。

これらのプロフにも掲示板機能をもっているものもありますので、一番簡単なものはプロフに登録して「掲示板をつくる」というボタンをクリックするだけでできてしまいます。これはプロフ内でミニブログをつくるような要領ですが、掲示板とブログの違いは、システムの機能としては、「自分だけが書き込んで発信できる」ものと「自分だけでなく訪問者も発言できる」という違いだけでほとんど同様のものなのです。そのほかにも、「無料掲示板作成」というようなサイトは無数にありますので、そのようなものも同じような要領で簡単な登録をすればものの3分で開設ができます。もちろん、パソコンは必要ありません。ケータイだけで十分なのです。

このように簡単につくれる掲示板を使ってあなたの子どもも何か書き込みをしているかもしれません。単に友だち同士の交流なら問題はないのですが、裏サイトに何かを書き込んでいたり、その場の雰囲気でつい悪口などを書き込んだりしているかもしれません。ネットの掲示板での書き込みは互いの顔が見えない分、表現がストレートになってしまいがちですし、これはメールもそうですが、文字だけのコミュニケーションでは誤解が生じがちです。子どもはまだこのようなところの対処がうまくできないケースが多く、ちょっとした発言からネット上のけんかへとつながることもあります。

そのような些細な誤解からネット上のけんかへとつながり、そこから仲間はずれやいじめへと発展するケースもあります。掲示板をつくったり使ったりすること自体が悪いことではありませんが、このような状況があることは親子の共通の話題として子どもと共有しておいてください。

CGMの怖さ

これまで紹介したようなプロフや掲示板、それらを統合したSNS（ソーシャル・ネットワーク・サービス）サイトなどを総称してCGMと呼ぶことがあります。これは、Consumer Generated Media の略で、日本語では「消費者生成型メディア」と呼ばれます。これは、管理者がその仕組みや枠組みだけを用意すれば、後はそのサイトの参加者が勝手に記事などの情報を公開し、それがさらにユーザーを増やし、勝手に交流が生まれる、といった図式です。ユーザーの数が増えれば増えるほど、さまざまな形の情報が蔓延し、同時に交流も生まれますが、その分いろいろな問題も増えてくるのは実社会と同じです。

現在、全世界的にとても人気のある「口コミサイト」も代表的なCGMの一つです。これらは飲食店や商品などについて一般のユーザーがそれぞれの主観で感想を書いていくので、ある程度は評判がわかりますが、その機能性ゆえに少し前に問題になった「ステルス・マーケティング（ステマ）」と呼ばれるような、いわゆる「やらせ広告」が存在するなどの問題点もあるのです。

子どものプロフもCGMの一つですから、その機能としてはこれらのサイトと同様で、基本的には誰でも見られるし、誰でも書き込めるようになっています。つまり「プロフや掲示板をつくる」ということは、このような広がりのある行為の入口なのです。ですから、この広がりを前に、その便利さや楽しさの裏に隠れている「怖さ」をも理解して使わないと必ず問題が起こります。

インターネットは基本的には「自己責任」で使わなくてはならないメディアです。使用人口が爆発的に増え、それが全世界中に広がっているために、なかなか一国の法律で取り締まることもできず、無法地帯のようになっている面もあります。これらのインターネットの便利な面とその裏の面を常に考え、危険な目にあわないように注意して使うことが非常に大切なのです。

このように簡単につくることができるプロフや掲示板ですが、これらの子どもに身近な事例を通してその奥の深さや、それをつくったり使ったりすることで及ぼす影響や受ける影響をしっかりと子どもに教えてあげることが大切です。

進化するケータイ　ガラケーからスマホへ

「最初の一台」がスマホになった！

これまで、この本では「従来からの携帯電話（ガラケー）」と「スマートフォン（スマホ）」をあえて区別せずに、「ケータイ」と総称して述べてきました。しかし、子どもはすでにケータイを電話とは思っておらず、「メールやゲームができ、音楽が聴けて写真も撮れる機器」として認識しているので、それらの機能がより充実したスマホがほしくなるのも無理はありません。

これまで、小中学生が最初に手にするのはガラケーや子どもケータイでしたが、今や最初の一台がスマホになってきています。実際、各電話会社の新機種を見ても、ほとんどがスマホで構成されています。

■最後の砦だった料金は？

「子どもにはまだスマホは早い!!」という親も多いのですが、その理由を聞いても、納得できるほどのものはあまりなく、「なんとなく高そうだから」「なんとなく危なそうだから」という答えが返ってきます。

唯一、ある程度は納得できる根拠が、「料金が高い」ということです。本体機器の値段は従来の携帯電話よりも少々高くつきますし、そのローン金額も含めた毎月の料金設定も、ガラケーなら最低3000円前後でもすんだところが、スマホだと5000円ぐらいになってきます。

このように、従来ならばある程度は感じられたガラケーとスマホの〝棲み分け〟も、今後はなくなっていくと考えられます。新しいガラケーを買おうと思って販売店に行っても、もうほとんどの機種がスマホで、それしか選択肢はないのですから。

ケータイ教育の意味が変わる

親世代は、子どもの頃家の固定電話を普通に使っていたわけですが、今社会人生活をスタートさせたぐらいの世代は、家に固定電話はあるけれど、ほとんど使ったことがない世代かもしれません。そしてこれからの子どもは、家の固定電話というものがどのようなものか知らない世代になりつつあるのです。

子どもにケータイ教育を行う際にも、このことについての理解は欠かせません。そもそも「電話」というものを知らない世代に「携帯電話での正しい電話のかけ方」と言っても、まったくナンセンスと言えるでしょう。

最近ではさまざまな無料通話ができるツールも開発されていて、それらのスマートフォン用アプリが無料で配布されていますが、これらの通信にはもはや電話回線は使いません。全てインターネットを通じて行われるので、無料や格安で通話ができるのです。このように、ケータイ自体の通信方法や意味合いがどんどん変わってきているので、親もそれを理解したうえで子どもに教えていく必要があります。

充実したフィルタリングの効果を使おう

月額300円でできる対策

子どもにとって有害なサイトをどうやって制限するか。実はこのことは、たとえ法律でサービスの提供側を一律に規制できたとしても、受け取る側としては子どもの成長度合いや親の考え方などによって対応はさまざまで、意外と線引きが難しいことの一つです。もはや、「見せない・使わせない」ことが通用する時代ではなくなってきました。

現在、子どものケータイを購入するときは、有害サイトにアクセスできないような「フィルタリング」という措置が義務づけられていて、これは保護者の承諾とサインがなければ解除できない仕組みになっています。しかし、子どもの中には、そのことを詳しく知らない祖父母を、後日、店頭に連れていき、「このままだとゲームができない」、「友だちとメールができない」などと理由をつけてフィルタリングを解除してしまう子どももいます。

また、スマホの場合は多少フィルタリングについても脆弱な面があり、与えた段階でフ

図13 携帯電話・PHS のフィルタリング機能の有無（%）

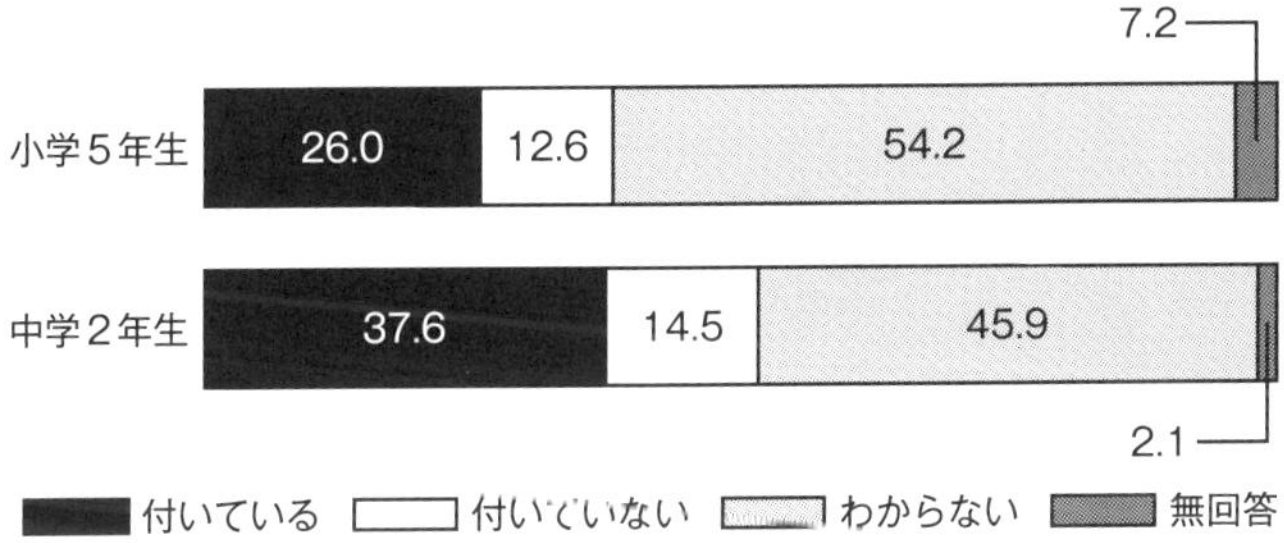

出典：平成 23 年度マスメディアに関するアンケート調査、日本 PTA 全国協議会（複数回答、抜粋）

図14 フィルタリングサービスについての認知度（%）

■フィルタリングサービスに「ホワイトリスト方式」「ブラックリスト方式」「利用時間制限する方式」があることの保護者の認知度

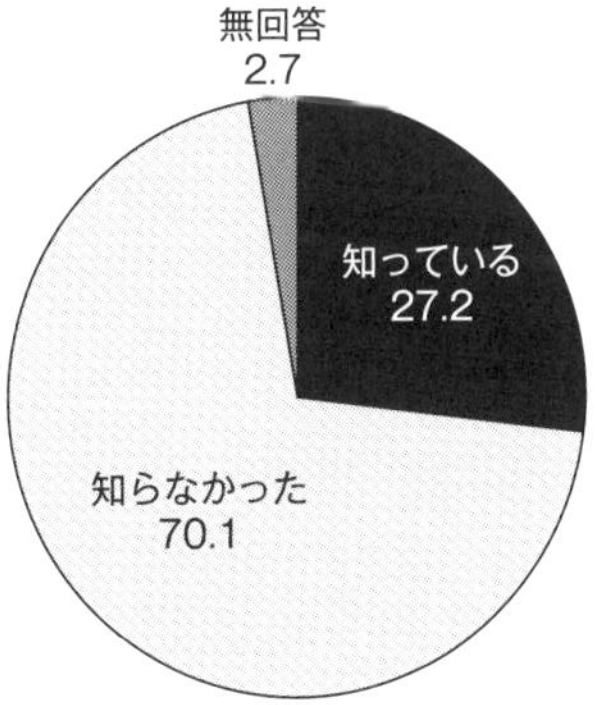

出典：平成 23 年度マスメディアに関するアンケート調査、日本 PTA 全国協議会

ィルタリングをかけていても、一定の特別な操作を行えば解除できるものもあります。

このような状況の中で私はよく講演の後などに保護者の方より相談を受けるのですが、これらの電話会社が提供する最低限の制限にプラスしてもう一つフィルタリングをかける方法をお勧めしています。その代表例が、デジタルアーツ社という会社が提供している『ｉフィルター』と呼ばれるサービスです。

これを利用すれば、親が管理者となり、各種のフィルタリングを子どもの年齢や用途に合わせて設定できます。費用は月額３００円から使用可能ですが、親が管理者にならなくてはいけないので、スマートフォンに関する知識が若干必要です。しかしながら、子どもを守るためには親はこのぐらいは知っておく必要がありますので、この機会にぜひ勉強してみてください。

「なぜ、フィルタリングをかけるのか」を理解させよう

そして、これらフィルタリングを設定する際に重要なのは、「なぜフィルタリングをか

けるのか」ということを子どもにきちんと理解させることです。

フィルタリングをかけなければいけないサイトの代表例は有害なアダルトサイトですが、一方で小学生はともかくとして中学生の男の子にとっては最も興味・関心のあることとも言えます。つまり、「最も関心のあることを制限するための理由」を子どもに理解させなければならないのです。

その理由として、私がよく保護者の方々にお伝えするのは、「では、あなたは子どもを一人で夜の歌舞伎町に行かせますか？」ということです。そこにはたくさんの快楽や享楽が待っているかもしれませんが、一方で、さまざまな犯罪が起こり得る大人の歓楽街なのです。インターネットは安全に使ってこそ、そのメリットが享受できますが、一歩間違えば子どもが勝手に利用して自分自身で責任を取れることなど何一つないのです。

親が理由も述べずにこそこそとフィルタリングをかけると、子どももこそこそとそれを解除する方法を探します。そのため、親としては子どものケータイの利用に関して明確な意見を示し、それをしっかりと伝えたうえで、フィルタリングの必要性に関して子どもにもきちんと理解させないといけないのです。

第4章　「ケータイ教育」の始め方

なぜ、ケータイ教育が必要なのか

■ケータイは子どもにとって日常生活に欠かせないツール

これまで見てきたように、ケータイはもはや子どもの日常生活に欠かせないツールとなっています。ところが、第1章、第2章で見てきたように、ケータイに関連するトラブルはさまざまな様相を呈しています。ゲームやメールのしすぎは、それだけの問題にとどまらず、睡眠不足による体調の悪化や集中力の低下などの問題も指摘されています。ケータイを手放せなくなって、依存症のようになっている人も急増しています。

一方、ケータイの利便性や利点を挙げると、これも数多くあります。どのような場合にも連絡を取れる安心感は大きな利点の一つでしょう。とくに東日本大震災以後、災害対策の一つとしても重視されていますし、誘拐などの児童犯罪から子どもを守ることにも当然役立ちます。

このように、ケータイは使い方によって安全にも危険にも使える、まさに「諸刃の剣」

なのです。

「諸刃の剣」が顕著なツールだからこそ、使い方を教えることが必要

子どもの生活に深く根ざしているケータイというツール。そのツールは、とても多くの利点がある一方で、正しく使わないと危険なことも起こるという両面を持った道具なのです。

もし子どもが、使い勝手が悪く、メリットが何も感じられないツールを使っているならば、ひと言「使うな」と言ってしまえばすむことです。一方、誰が使っても便利で重宝するものならば、「どんどん使おう」と言えます。

もちろん、どのようなツールにもよい点、悪い点があります。ですが、特にケータイは子どもの生活に欠かせないものとなっているだけに、よい点、悪い点を誰かがしっかりと教え、子ども自身が理解しないと、「持っていて楽しく、利便性の高いツール」ではなくなってしまうのです。

このことに対して、第3章で、「正しい使い方をしていれば子どもを守ることができ

る」という点を踏まえてお伝えしましたが、これを具体的に誰かが教え、子ども自身が学ぶことが大切です。それが、「ケータイ教育」なのです。

「親子の信頼関係」が危険を未然に防ぐ

友だち同士では問題を解決できない

これまで見てきたように、ケータイトラブルの特性からまず言えることは、残念ながら「子どもが友だち同士で解決できるものはない」ということです。

高額請求・架空請求はもちろんのこと、ケータイ代の滞納に関しても、およそお金に関することは友だち同士では解決できないものです。架空請求の怖い文面のメールがひんぱんに届くので、親に知られないうちに解決してしまおうと、友だち同士で相談して自分たちのお金を支払ってしまう子どもがたまにいますが、これではさらなる請求を招くだけで何の解決にもなりません。

このようにケータイで起こる問題は「子ども同士では解決できない」という現実を、親はもちろんのこと、子ども自身にも理解させておかなければなりません。

■子どものルールづくりを捉えよう

こうしたトラブルは未然に防ぐべきですが、そのために大事なのは、やはり「ケータイの使い方に関するルールづくり」です。それは子ども同士の「30秒ルール」や「60秒ルール」ではなく、「夜10時以降はメールをしない」とか、「ゲームはリビングで、30分間だけ」といったケータイの使い方そのものに関するものです。

そして、そのルールは、親が促して子どもと一緒につくり、きちんと守らせなければなりません。

それでは危険やトラブルを未然に防ぐためのルールづくりを促すものは何か。それはやはり親子の信頼関係です。前述のように、親子の信頼関係がないと子どもはケータイの中へと逃げ込みます。そして、ルールを無視して使えば、その先には第1章や第2章で見てきたような大きなトラブルが待ち構えています。

その芽を摘むためにも、ケータイを通じて「親子の信頼関係をより深められるようなルール」を子どもと一緒に考え、つくっていきましょう。

子どものケータイの利用状況を話し合う

子どもの自覚を第一に

それでは、親は子どものケータイの使い方に関してどのような教育をしたらよいか、順を追って見ていきましょう。なお、ここでは「すでに子どもにケータイを持たせている」ことを前提にして進めていきますが、最初に与えるときも基本的に状況は変わりません。むしろ、最初に与えるときが肝心ということにも留意してください。

子どものケータイ教育においてまず行うべきは、「ケータイを何に使っているのかを、親子で話し合うこと」です。これはビジネスで言うところの「現状分析」です。

とは言っても、「メールに何分」とか「何時何分から何時何分まではゲーム」などと、細かく利用状況をチェックする必要はありません。大事なのは、子ども自身が「毎日、どのくらいの頻度でケータイを使っているか」を知り、「メールやゲームやプロフへの投稿など、いろいろなことにずいぶんと時間を使っている」という実態に気づくということで

図15 携帯電話・PHSを使用するうえで起こること（中学2年生）（%）

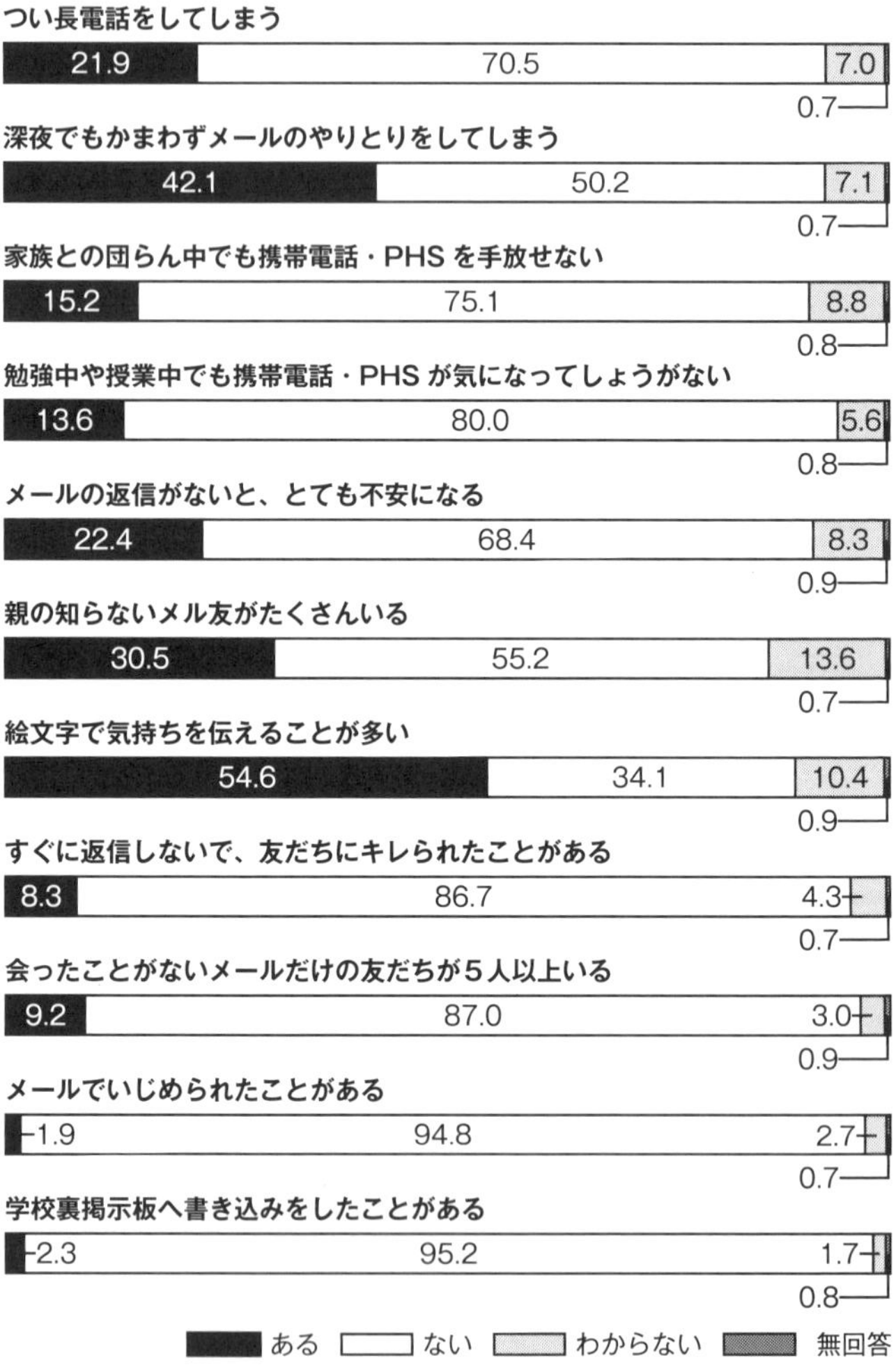

出典：平成 23 年度マスメディアに関するアンケート調査、日本 PTA 全国協議会（抜粋）

す。

そして、次に「そのためにどのくらいのお金がかかっているか」を子どもにも自覚させるのです。お金の感覚は子どもの年齢によっても異なってくるでしょう。小学校高学年なら月のお小遣いは1000円ぐらいが多いでしょうから、ケータイのために毎月、数千円がかかっていると知ってびっくりする子もいます。一方で、おじいちゃん、おばあちゃんにお小遣いをもらい慣れている子どもなどは、案外、親が負担している金額の多寡に鈍感になっていたりします。

このように、自分のケータイの利用時間や目的、利用金額などについて、子ども自身が自覚することがとても大事なのです。

全く知らない親もいる!

今子どもの自覚と同じぐらい重要なのが、「子どものケータイ使用についての親の自覚」です。なぜなら、ケータイ教育にあたっての大きな問題として、「親自身が子どものケータイの使い方やルールについての関心がない」ということもよくあるからです。

このような親は、子どものケータイが原因でトラブルが発生してもそれに気づかず、問題が大きくなった頃に初めて知り、「何をやってるんだ！」などと大騒ぎして、あわてて付け焼き刃的に対処しようとしたりします。ところが、今まで紹介したように高額請求や架空請求はもちろん、ネット上での誹謗中傷、いじめなどは付け焼き刃な対応では不十分で、その背景を知って対処しなければかえって事態を悪化させる危険性が非常に高いのです。

このような大変な事態を防ぐためにも、親としては子どもに最初にケータイを与えるときに「利用状況をときどきチェックするよ」としっかり伝え、同時にケータイにまつわるさまざまな事件やその相談先などに関しても知識をつける努力をしておきましょう。ケータイは、夢と可能性が広がる便利なツールでもありますが、その中には、とてつもなく大きな落とし穴があることも事実なのです。

持っていてよかったこと、悪かったこと、困ったことを話し合う

子どものケータイの利用状況が把握できたら、次に「ケータイを持っていてよかったこと、悪かったこと」などについて、子どもと一緒に率直に意見を出し、話し合ってみましょう。

子どもの言葉に耳を傾ければ、見えているようで見えていなかった子どもの生活ぶりなど、いろいろなことが見えてきたりします。例えば、

●塾で夜遅くなったときにも親と連絡ができた
●お祭りで迷子になったときにも助かった
●新しいゲームを楽しめた
●ほかの学校の子と友だちになれた

……など、いろいろなよかったことがある反面、

●メールでうまく気持ちが伝わらなくて友だちとけんかした
●ゲームで３０００円もする釣り竿を買っちゃった
●懸賞メールにクリックしたら迷惑メールが山のように届くようになった

●夜遅くまでチャットしていて、学校で居眠りした

……など、悪かったこと、困ったこともたくさん出てくるはずです。

しかしながら、これらの中で、子どもが話してくれた悪かったことや困ったことについて、頭ごなしに叱りつけたりすることは決してよくありません。なぜなら、ケータイで子どもが行ったこのような「よくない結果を招いた行為」は、悪意や悪気があってやっていることばかりではないからです。むしろ、何気なくやってしまったクリックによって大きなお金を請求されたり、何気なく交わしたメールによって相手の気分を害してしまったり、自分は正しいと思ってやったことで罠にはまったり、相手に誤解されたりといったことが多いのです。

そしてこの段階で大切なのは、何より親と子が向きあうことで何でも話し合える風通しのよい関係を築くことです。そのためにもケータイを題材にして親子でしっかりと話し合う時間をつくってみましょう。

問題があれば、そのことについて話し合う

■起きてしまったトラブルをどうするか

ケータイの利用状況を親子で話し合った結果、よかったことについては親として「よかったね」と共感してあげることが大切です。ケータイを安全に使い、これからのネット社会を楽しむためには、ケータイが「あってよかった」「持っていてよかった」と思えることは、前向きに評価してあげましょう。

一方、悪かったことや困ったことについては、それぞれに何かしらの対応が欠かせません。これらについては、二つの観点があります。一つは、

●起きてしまった問題にどう対処するか

ということで、もう一つは、

●今後、起きないようにするためにはどうするか

ということです。起きてしまったことについては、「子どもが解決できること」と、「親

図16 携帯電話・PHSについての家庭内での会話（%）

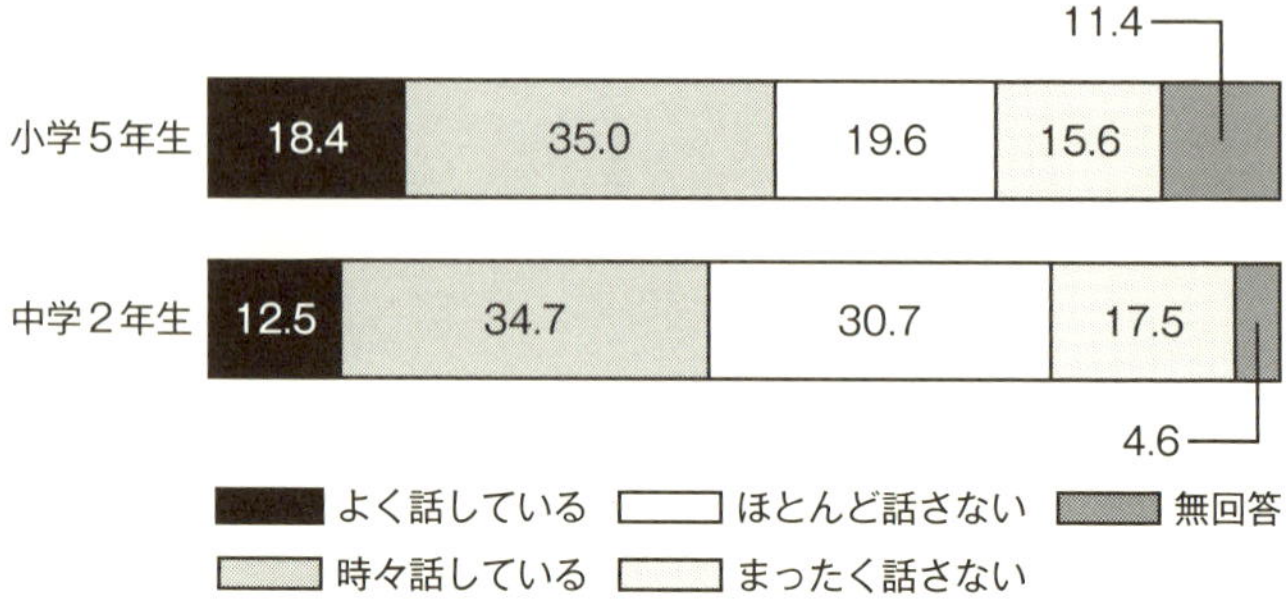

出典：平成23年度マスメディアに関するアンケート調査、日本PTA全国協議会

が解決しなければならないこと」があります。高額・架空請求などの金銭的なトラブルについては、現実問題として親にしか対応ができません。ですから、むしろ子どもには口出しをさせず、親が責任を持って対処することが大切です。

ただし、問題によってはその過程で親でも判断に悩むようなことが出てくるかもしれません。その場合には、巻末資料に挙げたような専門の団体や機関に問い合わせてみることをおすすめします。経験豊富な専門家が的確なアドバイスをしてくれるはずです。また、少々大きな問題については地元の警察に相談するのも一つの手ですが、そのトラブルが恐喝や傷害などの刑事事件にでも発展しそうな状況ではないかぎり、なかなか対応してくれないのも事実です。これは、逆に言えば、このような問題にまで発展してしまうと、もう親だけでは解決できなくなっていることを意味します。

一方、金銭的な問題ではなく、例えば「メールがもとで、友だちとけんかした」とか「60秒ルールを守れなくて、仲間はずれになった」といった、友だち間の問題については、親として事態をしっかりと見守ることが大切です。すぐに親が手を出したからといって解決できる問題ではありませんが、解決に向かうためのアドバイスはできるはずです。親が子どもの悩みを無視したり軽く扱ったりすると、子どもは相談の持って行き場がなくなり、対処のしようがなくなってしまうので、きちんと向き合って受け止めましょう。

事後の対応策を考えよう

問題によっては、事後の対応についても考えなければなりません。それらの問題が今後は起こらないようにするにはどうしたらよいかを子どもと話し合い、子どもの立場で一緒になって考えるのです。

このときも、「悪いのはお前だ。お前がしっかりしてないからだ」と親が突き放しても、事態は何も解決せず、また同じようなことが起こります。そのため、親も一緒になってその問題を振り返り、反省し、ルールづくりをしていく（すでにルールがあるなら見直す）姿勢が大切です。

■最終的には家庭教育

これらのケータイ教育には、大別して次の三つの種類があります。

①学校でのケータイ教育
②家庭でのケータイ教育
③子ども同士のケータイ教育

このうち、最も大事なのはやはり②の「家庭でのケータイ教育」です。もちろん、①も大事であり、実際に進めている学校もたくさんありますが、学校での指導だけでは十分に機能を果たしているとは言えません。また、何か問題が発生して親が学校に相談をもちかけたとしても、学校だけでは対処のしようがないケースも多々あるのが実情です。

一方、③の「子ども同士のケータイ教育」は、次項で述べる「ルールづくり」が主眼となってきます。そしてこれは、ケータイの使用について、「問題が起きないようにしよう」とか「楽しく使うためにこれだけは守ろう」などというルールを子ども自身が納得して決めるものです。この部分はとても大事なことであり、きちんとしたルールがあれば、高額請求やネットいじめさえも未然に防ぐことができます。

「このような頭の痛い問題がたくさん発生するケータイなんて子どもには買い与えなければよい」という意見はもう遠い過去のものです。周りの友だちがみんなケータイを持っているのに一人だけ持っていなければ、友だちともコミュニケーションが取れなくなり、仲間はずれになってしまいます。しかし、それでも子どもにケータイを与えるのは、ほかでもない親自身なのです。その自覚を持って、子どものケータイ使用のルールづくりにも積極的に参加し、また、学校でのケータイ教育にも関心を寄せることが重要です。

子どもにルールを考えさせ、自ら宣言させる

■小さく具体的で、守りやすいルールを

一口にルールと言っても、いろいろな考え方があります。親の立場からするとルールで使い方を限定し、制限するという発想になりがちですが、むしろ「ケータイを楽しく、安全に使うためのルール」という発想にしたほうが、子どもはそれを守ろうとします。

そして、重要なのは「ルールの項目は子ども自身に考えさせる」ということです。なぜなら、自分で責任を持ってつくったルールなら、自らそれを守ろうとしますし、さらに、ケータイを初めて持った小学校高学年の子どもと、中学生、さらには高校生では利用状況も金銭感覚も、基本となるネットリテラシーも、さらには親に対する感覚も違うからです。

ルールの項目や内容としては、それぞれの子どもに応じて「普通に使っていれば守れる程度で具体的なもの」にするとよいでしょう。あまりハードルの高いルールを設定しても、結局は守らなくなり、ルールそのものが形骸化してしまいます。

アダルトはダメ、グラビアアイドルはOK?

具体的なルールの内容は次のようなものです。ケータイを持ち始めた小学校高学年の子どもなら、

- 夜10時以降は使わない
- ケータイはリビングに置いて自分の部屋には持っていかない
- ご飯のときはケータイを触らない
- 有料ゲーム、音楽などのダウンロードをするときは、親に確認してからにする
- フィルタリングを自分で勝手にはずさない
- メールや掲示板で誰かの悪口を言うようなことはしない

といった感じになります。これらのルールを自分の子どもだけでなく、友だちとも話し合いながらつくっていくとさらに効果的です。

そして、子ども自身で「ケータイを使うルール○か条」というように宣言させるのです。宣言をさせたら、そのルールを大きく書いた紙に子どもと親の両方がサインし、リビングや冷蔵庫などのいつでも見られる場所に貼っておくのがおすすめです。

図17 家庭でのルールづくり3つのポイント

1. 小さく具体的で守りやすいルールに

2. 子ども自身にルールを宣言させる

3. ルールは二重構造にする

このルールづくりは、当然ながら中学生・高校生ともなると内容が少しずつ変わってきますので、そのつど子どもと話し合い、改訂していきましょう。例えば、高校生に対して、「夜10時以降は使わない」というのは少し非現実的かもしれませんし、その一方で「月5000円以上は自分の小遣いで支払う」といった金銭的なルールも現実味が出てきます。また、高校生の男の子に対しては、場合によっては、「アダルトサイトにはフィルタリングをかけるが、グラビアアイドルのサイトにはフィルタリングをかけない」といった親子間のルールもあり得ます。

このように、性の問題ともなると親子で話し合うことに親自身が戸惑う部分もあるでしょうが、ケータイ教育はそのことに正面から向き合うきっかけにもなるはずです。

一方、高校生の女の子の場合は、「親としてはメールの中身は見ないが、誰とメールを交わしているかは確認することがある」といったルールになる場合もあるでしょう。

トラブルは未然に防ぐことに意味がある

このようなルールづくりはトラブルを未然に防ぐためのものですが、一方ではあまり真剣になりすぎるのもよくないのではないか……といった意見もあります。しかしながら「たかがケータイ、されどケータイ」です。ケータイのトラブルでは、最初はささいなことでもその後、大きな事態に発展するケースもよくあるのです。

つまりこれは「交通事故が起きてからルールをつくっても意味がない」のと同じことです。子どもがプロフへの返信で知りあった大人の男性との援助交際を始めてからルールをつくっても、高額になる有料ゲームにはまってからルールをつくっても、アダルトサイトをクリックして詐欺集団の罠にはまってからルールをつくっても遅いのです。

ルールづくりは、決して難しいものではありません。早い段階から子どもを巻き込んで積極的に取り組んでいきましょう。

ルールを守れなかった場合のペナルティも考える

ペナルティとは何か

ルールには必ずそれを破ったときの罰則（ペナルティ）があります。「ルールを破ったときはケータイを没収」というのもペナルティの一つですし、「一つ破ればトイレ掃除、二つ破れば腕立て１００回！」というのもペナルティです。

しかし、こうした罰則に違和感を覚える親も子どももいるでしょう。なぜならルールを破ったときのペナルティが、本人を苦しめるだけのいわゆる「罰」でいいのか、むしろもっと納得性のあるものにすべきではないのか、と考えるからです。

そこで考えられるのが、「メタルール」という仕組みです。これは、普通のペナルティのように「ルールを破ったら、罰がある」という発想ではなく、ルールを破ったら、代わりの別のルールを発動させるような「ルールの二重構造」をつくっていくやり方です。

■「メタルール」の仕組みを入れる

では、メタルールとは具体的にはどのような仕組みになっているのでしょうか。例えば、ルールとして「ケータイで友だちを傷つけるような使い方はしない」と決めたとします。そのときのペナルティが前述のようなケータイとは何の関係もない「トイレ掃除」とか「腕立て100回」では、ただの罰でしかありません。

一方、この場合のメタルールの例としては、「ルールを守れなかったら、友だちにすぐに謝り、親とその後の使い方について相談する」といったことならよいのです。つまり、ルールとペナルティの間に連続した因果関係があることが重要になってくるのです。

また、メタルールの考え方としては、「ルールは破ることがあっても、メタルールはその責任を取るための宣言であり、絶対に破ってはいけないもの」という表現がよいかもしれません。つまり子どもが「夜10時以降はケータイを使わない」というルールを破ったとき、「ケータイを没収」となるとただの罰になってしまいますが、「ルールを守れなかったので一週間、親にケータイを預けます」というのであればメタルールとなるわけです。

そしてこのメタルールの仕組みは、子どもの視点で考えるとよいでしょう。「もしルールを破ったときは、このようなルールに従います」という条件を子どもが自分の頭で考えて決めるのです。

メタルールにしても、これを親が押しつけるようなことはしてはなりません。もし、親が押しつけてしまったら、前に述べた罰やお仕置きと同様で、子どもは納得しないままそれを受けることになり、効果がありません。

親としては、あくまでも子どもに納得させたうえで、「ルールを守れなかったときの責任の取り方」を自覚させることが大切なのです。

できあがったルールを家族や友だちとも共有する

自分の子どもだけにルールを守らせても……

子どもはケータイを使ってメールやプロフ、ソーシャルゲームなどを楽しんでいますが、これらは全てにおいてインターネットの機能を使っています。つまり、周りの友だちをはじめとした誰かと常に交流しているのです。

このことを前提とすると、ケータイのルールは自分の子どもだけに守らせればよいというものではなくなります。自分の子どもとその友だちみんなで一緒にルールをつくり、そのルールを互いに守らせるようにすることが大切なのです。

そうすることにより、それぞれの家庭によってケータイの使い方や考え方が違うことなど、子どもながらにもいろいろなことがわかってきます。特に同じ学校の同級生ではなく、ほかの学校の友だちと一緒にルールをつくることになれば、違う学校でのケータイの使い方やルールのつくり方、ルールづくりに対する考え方の違いなどが見えてくることもあるでしょう。

このように、自分と他人との違いを理解することも、子どもにとってはとても大事なことです。友だちと一緒にルールをつくるという試みは、結果的に相手のことを考えることにもつながるのです。

「共有するもの」は使い方のルールだけではない

ここでは友だちとのルールづくりの大切さについて述べてきましたが、それは友だちだけでなく、身近な家族についても同じことが言えます。兄弟姉妹がいる子どもの場合は、兄弟姉妹で一緒にルールをつくり、それを共有することも大切なことです。親には伝えにくいことでも、兄弟姉妹なら話せる場合もあるでしょう。そのような場合は「何かあったら、まずお兄ちゃんに相談する」というルールがあってもよいのです。

そして、できあがったルールは全て親もしっかりと共有し、協力します。子どもには「食事中はメールしない」というルールをつくらせておきながら親が食事中にメールをしていたり、ゲームをしていたりするのでは全く説得力がありません。例えば家族揃っての夕食時に、もしどうしても仕事のメールを送る必要が出てきたら、本来は夕食が終わってからにするべきですが、緊急の場合は「仕事でメールを1本入れておく必要が出てきた」などと大人の事情をしっかりと子どもに伝えてから送るべきです。

家族や友だちと共有すべきものは、ルールだけに限りません。「ルールづくりの過程で調べたこと」もとても重要なのです。例えば、「フィルタリングを自分で勝手にはずさない」というルールをつくったとしたら、その過程で「ケータイの利用状況」はもちろんのこと、「いまのケータイのフィルタリングはどうなっているのか」や「どの会社のフィルターがよいのか」といったことを調べているはずです。また、「ケータイ料金は月額○円に抑える。もし、守れなかったら、差額分は翌月の小遣いから充当する」というルールをつくったとしたら、「自分のケータイの料金設定」を再確認しているはずです。これらの情報に興味・関心を持つことがケータイ教育の第一歩として大切なのです。

ルールを守りさえすればよいとは考えずに、その過程で調べたことなどの知識も家族や友だちと共有するようになれば、ケータイという機器や概念についてより深く理解できるようになります。そして、これがきっかけで関心が広がってくれれば、「学校でのケータイ教育はどのように行われているか」ということにも興味が広がるでしょうし、さらに

「ケータイ教育はどうあるべきか」ということについてもそれぞれの立場で考えられるようにもなります。

そして親も、ケータイやネットについて「難しそうだから」と敬遠するだけでは何の問題解決にもなりません。子どもに正しいケータイ教育を行うためにも、子ども目線で見た世の中にもっと敏感になりましょう。

子どもの成長に合わせて、定期的にルールを見直す

■変わってよいルールと変わってはならないルール

一般的な観点からしても小学校高学年と中学生、高校生が同じルールでよいかというと、そうではありません。それぞれの年齢に応じて、守るべきルールが異なり、また、変化してくるのは当然のことです。

しかしながら、そのとき「変わってもよい、変えるべきルール」と、「変わってはならない、変えるべきではないルール」があります。例えば、

- **学校には持っていきません**
- **定期テスト一週間前からは一日30分しかメールやゲームに使いません**
- **夜10時以降は使いません**

といったルールは年齢に応じて、またそのときに通っている学校のルールによっても変わってきますので、むしろそのような環境の変化に応じて変えるべきとも言えるでしょう。

毎日のようにコロコロと変えることはルールとしてふさわしくありませんが、半年ごと、一年ごとに見直すのは悪いことではありません。また、「この子は十分に守れる」と親が判断できるルールがあれば、その項目をはずしてもよいのです。

一方、

- **知らない人にはメールを送ったり返信したりしない**
- **フィルタリングサービスは必ず使う**
- **迷惑メールや怖いと感じたメールが届いたら親に相談する**

といったルールは、子どもが大人として責任が持てるようになるまで、また、世間が責任を持てる大人だと判断してくれるようになるまでは変えないと決めてもよいでしょう。

ルールとともに、ケータイ教育を見直そう

一つひとつのルールを変えるか変えないかの判断も、親だけでするのではなく、子ども自身が自発的に考えるようにさせます。その自発性を促すコツが「定期的に見直す」ということです。

子どもはルールが変わりすぎると、忘れてしまったり自分の都合のいいように勝手に解釈してしまったりするので、ルールとして機能しなくなります。その点、定期的に見直すことを促せば、子ども自身がルールやケータイの使い方そのものを見直すきっかけづくりにもなるのです。

なお、このようにルールを見直す際には、そのペナルティであるメタルールの「ルールを守れなかったときは、○○します」という部分も同時に見直します。なぜなら、メタルールそのものがメインのルールとの二重構造になっており、因果関係があるものだからです。

ルールを書き込むためのワークシート

親子がサインすることが大切

次ページには、親子でつくったルールを書き込むためのワークシートを入れておきました。拡大コピーをして使ってください。使い方は簡単です。これまで紹介したようなやり方で、ケータイを使うときのルールを子どもとその友だちに考えさせ、親が協力して作成すればよいのです。

小学校高学年ぐらいの子どもの場合、「電源をつけっぱなしにしない」「落とさないようにしっかりと首からぶら下げる」など、子どもならではのちょっと奇抜なルールが出てくるかもしれません。それでも親としては頭ごなしに否定せず、「子ども目線でのケータイ利用の実態」と理解し、よりよい方向にもっていくことが大切です。

できあがったワークシートは学校に行くときにカバンに入れておいても、家の冷蔵庫にマグネットで貼っておいてもよいでしょう。

図18 家庭のルール～私の宣言書～

私の宣言書

私は約束します。

約束を守れなかったら、

守れたかな？　○×をつけよう

1週間後	2週間後	

宣言する人

確認する人

出典：心の東京革命推進協議会「つくってみようファミリーｅルール」（参考）

第5章　ケータイ教育の効果

マナー教育につながる

■礼儀・しつけ・マナーの再確認

これまで、ケータイの現状やその問題点、ケータイ教育の方法などを見てきましたが、この章ではそのケータイ教育の効果を一緒に考えていきたいと思います。

今やケータイはさまざまな機能があって一見厄介な機械ですが、正しい使い方を子どもに教えていくことでさまざまなよい効果も期待できます。それではどのような効果があるのか、いくつか挙げていきましょう。

まず第一に挙げられるのは、「マナー教育につながる」ということです。

例えば、「ご飯を食べているときぐらいケータイを触るのはやめなさい！」と、子どもを叱りつけた経験のある方はいませんか？　もちろん、子どもをそう叱るのなら親自身も食事中に使うのは絶対に避けるべきですが、こうしたケータイの使い方の一つひとつを子どもに教え、親も一緒に考えていくことがマナー教育につながっていきますし、子どもにとっては大人社会の振る舞いや礼儀を身につけていくためのステップにもなります。

子どもの「なぜ?」に答えていく姿勢が大切

このマナー教育の際に、親にとってはなかなか悩ましい問題があります。それは、子どもの「なぜ?」という疑問全てに答えていかなければならないということです。

子どもはいろいろなことを注意すると、「なぜいけないの?」と問い返してくるものです。そのとき、「ダメなことはダメ」と理屈抜きで言うことも一つの教育とは言えますが、少し説得力に欠けます。子どもに対する礼儀やマナーの分野では、往々にしてこのように「ダメなことはダメ」と言うことも多いのですが、やはり何かしらの理由や根拠がないと子どもも納得しないものです。

そこで、例えば食事中にケータイを使うことを注意する理由を子どもに聞かれたときは、「食事中にコミュニケーションを取るべき相手は一緒に食事をしている人であって、電話の先にいる人ではないこと」や「大人が同じことをするとマナー違反で、一緒に食事をしている相手に失礼な行為であること」、「メールの相手も食事中かもしれず、相手に迷惑となりかねないこと」などを含めて話をするのがよいでしょう。

　同様のことは、マナーだけでなくケータイ全般の使い方教育の中で、「なぜ、フィルタリングをかけるのか」「なぜ、メールで夜更かしをしてはいけないのか」といった質問にも当てはまります。フィルタリングであれば、「子どもが自分で責任を取れないサイトの利用を防ぎ、子どもを守る必要があること」、メールで夜更かしする子どもには、「睡眠不足による集中力の低下をもたらし、発育や学力にも影響しかねないこと」などをしっかり伝えるべきです。

　ここでは、単に「ダメなものはダメ」と叱るだけでは理不尽な説教になってしまいます。子どもの素朴な「なぜ?」にも真摯に答えて、その理由を一緒に考える気持ちが大切です。そのことが、結局のところ親自身のマナー教育にもつながるのです。

自分を守る「情報セキュリティ感覚」が身につく

きちんと使っていれば、おかしなことは起こらない

ケータイ教育の効果として挙げられる二つ目の点は、さまざまな情報に対する「セキュリティ感覚」が身につくことです。いろいろなところで少年犯罪やネット犯罪が大きな問題となっている昨今、自分の子どももそうした犯罪に無縁とは言えません。いつ何時、被害にあうかもしれませんし、また、逆に加害者になる可能性もあります。

そして、そのときに大切なのは自分の身に迫るリスクを察知する「セキュリティ感覚」、つまり「自分の身を守るために、最低限こういうことはやっておこう。逆に、こういうことはやらないでおこう」という感覚です。

この感覚を身につけさせるために、例えば、「個人が特定できる情報はプロフには載せないでおこう」、「事実の確認できないマイナス情報は流さないでおこう」といった対応はもちろん、「いまのネット社会において、自分たちはどういう姿勢でケータイやパソコン

を使ったらよいのか」といった、より根本的なテーマまで話題を広げて親子で話し合っておくとよいでしょう。

さらに、「ケータイを子どもに与えることで、親がどのような負担をしているのか」や「ケータイを与える目的は何なのか」といったことも話し合うことで、〝目的外の利用はしない〟という意識を子どもの心の中に芽生えさせ、正しい使い方を自分で自然に身につけることにつなげていきましょう。

ケータイは本来とても便利な道具であり、「正しく使っていれば、めったなトラブルは起きない」ものです。親の不十分な知識でケータイの否定的な面ばかりを見て悪者扱いしてしまうと、「世界とつながっている」といった子どもの大きな可能性まで否定してしまうことになりかねません。そのためにもメリットとデメリット、その両方の議論が不可欠なのです。

子どものメールを親が見てもかまわない?

情報に対する「セキュリティ感覚」と言っても、今一つピンとこない子どももいます。

中学生・高校生ならまだしも、小学校高学年ぐらいだと「お父さん、お母さんは何のことを話しているんだろう?」といった感覚で受け取る子もいるでしょう。そういった子どもに対しては、親が率先してヤキュリティ感覚を身につけてケータイの使い方を監督する必要があります。

では、どのように監督すればよいでしょうか? これに関しては、「自分の子どもとは言え、メールまでも逐一チェックしてよいのか?」ということがよく問題になります。

このことは、賛否両論があるでしょう。「自分の子どもなのだからきちんとチェックすべきだ」という意見もありますし、「やはり自分の子どもであっても、私信についてのプライバシーは守るべきだ」という考え方もあり、なかなか難しい議論です。

では、もしこのことについて親として答えを出せずにいたとしたら、「郵便」と同じように考えてみてはいかがでしょうか。つまり、「誰とメールのやりとりをしているのかは見ても、メールの本文を見るときは、子どもに断りを入れる」ようにするのです。郵便物だと、子どもが封を開ける前に親が開けてしまうと、当然怒る子もいます。しかし、誰から郵便物が届いているのかは、親として確認しておくべきでしょう。ケータイメールもそれと同じように扱うのです。

これは言い換えると、小学校高学年ぐらいの子どもに対しては、「ケータイを見せてごらん」と言ったら、子どもが自分からケータイを差し出すくらいの信頼関係を親子の間に築いておくべきとも言えます。そしてもし、「絶対に見せない！」と子どもが拒否してきたときは、「何かやましいことがあるのでは？」と疑うくらいでよいのです。

子どもとこのような信頼関係を築いておくためにも、子ども自身に「なぜ、ケータイを持たせるのか」ということをしっかりと理解させ、同時に親としても答えを出しておくことが大切です。

親と子のコミュニケーションが活性化する

「○○ちゃんと遊んでくる!」の復活

子どもにケータイを持たせた後、このような経験をしたことはありませんか？　例えば、子ども部屋で寝ている子どもを起こすときや、ご飯ができたことを知らせるとき、リビングから「朝だぞ、起きろ！」とか「晩ご飯できたわよ！」などと大声で呼ぶのが面倒で、つい同じ家にいる子どものケータイに電話をしてしまうのです。「そんなことあり得ない！」と笑う方がいるかもしれませんが、自室にこもりがちな子どもを持つ親としては、決して他人事ではないはずです（最近ほとんどのケータイは、家族同士の通話料は無料ですし）。

ですが、このようなやり方は親としてはやめるべきです。ケータイはその便利さゆえについついつい使いすぎてしまいますが、むしろケータイがあるからこそ使うべきときだけ使い、使うべきではないときは意識して使わないように習慣づけることによって、子どもにもけじめをつけた使い方をさせるのです。

そしてそのためにも大事なのは、子どもが「今ケータイを、何に使っているのか」を親が常に把握しておくことです。今、友だちとメールをしているのか、それともゲームをしているのか、といったことがわかるようにしておきましょう。そのための具体的な方法としては、「小学校高学年のうちは、子ども部屋にはケータイを持って行かずに必ずリビングで使う」とか、中学生だったら、「夜はリビングで充電しておく」などのルールをつくって守らせることが有効です。

そうすれば、「今、何してるの？」といった親の問いかけにも「友だちとメール！」とか「ゲームだよ」などと答えが返ってきて、そこから会話が広がる可能性が出てきますし、自分の部屋に隠れて有害なサイトを見たりするのを防ぐこともできます。そしてこれを「ケータイを通じて親子のコミュニケーションを活発にしていくこと」に結びつけるのです。

このようにして親子の風通しがよくなれば、子どもはやがて、「○○ちゃんと遊んでくる！」と言ってケータイをリビングに置いて家を飛び出していくこともあるでしょう。

「今何をやっているのか、やろうとしているのか」を自然に親に伝えられるようにもなるのです。

最初が肝心

では、このコミュニケーションを活性化させるきっかけはいつがよいのでしょうか。それは「初めて子どもにケータイを与えるとき」が一番効果的です。そのときに、「ケータイで今何をしているのかを聞かれたときには、きちんと答える」ことや前述のルールを守ることを約束させ、ケータイがもとで親子の信頼関係が壊れないようにしておくのです。

多くの子どもは親に叱られたり、親との関係がうまくいかなくなったりすると、どうしてもケータイに逃げ場を探します。そして、ケータイで知り合った〝ネット友だち〟や〝メル友〟にそれらの悩みを相談したりします。そして彼らはよく相談に乗ってくれるので、子どもはより親しみを感じますが、それは親や家族の優しさではありません。メールやメッセージを通じた他人の優しさなのです。

しかしながら、やはり大事なのは「リアルな話し合いができる親子の関係や優しさ」ではないでしょうか。親子の風通しがよいコミュニケーションを通じて、その親子の信頼関係と「親はいつでも子どものことを考え、心配している」ということが子どもに伝われば、ケータイに関してもそれほど大きな問題は起こらないと思うのです。

友だちとの信頼関係をつくることができる

■ルールづくりが生む信頼

前述の「ケータイのルールづくり」はさらなる副次的効果をもたらします。その一つが、「自分のプライバシーを守ることが家族や相手、友だちのプライバシーを守ることにつながる」という事実が理解できるようになるということです。

自分のプライバシーを守ろうとすれば、自分の個人情報がわかるような投稿や書き込みをしなくなります。そして、その意識が友だちの個人情報がわかるような投稿はやめようという意識につながります。その結果、「ネット社会における自他の信頼関係」につながっていきます。

このように信頼関係をつくるルールづくりとは、「夜10時以降にはメールをしない」という形式的なルールの項目だけではなく、「そのルールが意味すること」まで理解することなのです。

■相手の今の状況を考える気持ちを持とう

例えばメールのやりとりでは、「今友だちが何をしているかを考えて送信する」ということが大切です。子どもがメールを送ったとき、友だちはご飯を食べているかもしれませんし、お風呂に入っているかもしれません。このようにメールやメッセージを送るときに「相手の状況を考える」ことは、友だちとの信頼関係につながってくるのです。

相手を思いやることは、メールのやりとりに限らず、プロフの書きこみについても同様です。

このようにして、友だち同士の信頼関係もつくることができれば、友だちづき合いの大事さももっと理解できるようになるでしょう。

子どもはケータイを持つことに慣れてしまうと、ときとしてケータイと現実の関係の区別がつきにくくなるものです。しばしば「ケータイがなくなると友だちと連絡が取れなくなるのでないか」と思ってしまうのですが、その心配をなくすものは何をおいてもリアルな信頼関係です。子どもにケータイを持たせ、活用させることで、友だちのみならず、家族ともしっかりとした信頼関係を築くためにはどのようにすればよいか。考える項目がたくさんあって非常に難しいテーマではありますが、本書で紹介したよい事例も悪い事例も両方を参考にして、どうかあなたの家庭における答えを導き出していただければと思います。

世の中のあらゆる道具にはよい面と悪い面の二面性がありますが、これらの利点を上手に活用するという意味では、ケータイもまったく変わらないものなのです。

第6章　子どものケータイ、こんなときどうする?　Q&A

【親編】

Q1 子どもが食事中もメールをしています。どのように注意したらよいでしょうか？

A1 親も協力して一緒にルールを守れるように努力しましょう。

食事中にケータイでメールをするのは行儀が悪く、礼儀としてもマナーとしてもふさわしくありません。しかし、そのような当たり前なことを伝えても子どもには伝わらないかもしれません。対処法として「ケータイを取り上げる」「その子どものご飯はつくらない」といったやり方もありますが、そのような方法だと、「なんでケータイ一つにこのようなことをしなければならないのか」と、子どもだけでなく親自身も不愉快になってくることでしょう。

まず、行儀・礼儀・マナーといった観点から言うと、「親であるあなた自身が同じようなことをやっていないか」ふり返ってみることです。

小中学生の子どもは、親に反抗的な態度を取っていても、意外と親と同じような行動をしていることがあります。あなたがケータイを肌身離さず持ち、食事や家族との団らんのときも、電話やメールで外と連絡を取っていたりすると、子どもの心にはそのことに違和感がなくなる場合があるのです。そこで、ルールづくりの際には「お父さん、お母さんも気をつけるから、あなたも気をつけてね」などと、子どもと一緒になって直していくことが大切です。

また、自分たちの食事どきは時間的に相手も食事どきであるケースが多いので、「友だちとそのお母さんも困ってるよ」というように伝えることも有効です。子どもへのアドバイスの際に、自分である「親自身が困っている」と伝えるより、「他人が困っている」と、第三者を〝利用〟したほうが説得力が高まるケースが多々あるからです。

そして、その場の対応としてはメールをするならご飯の前にきちんとすませる、ということも大切です。けじめなくずるずると食卓までケータイを持ってこさせないようにします。それでも友だちからひっきりなしにメールがきたりするときは、その友だちに「うちはご飯のときはケータイを使えないっていうルールがあるから」と、自ら決めたルールを子どもから直接伝えさせることも必要です。

さらに、食事中もメールのやりとりをしている場合は、まれに子どもがケータイ依存症になっていることがあります。何度注意してもやめようとしない場合は、よほど仲のよい友だちか、逆に仲のよくない友だちにいじめられておびえているか、また親に知られたくない問題を抱えているということもあります。

親として「子どものケータイの使い方がちょっと異常だ」と感じたときは、絶対に放置せずに子どもと話をするなどしてその異常の原因を必ず見つけることが大切です。前章で述べた通り、何らかの問題があった場合も、その対策が早ければ早いほど被害も少なくてすみます。

【親編】

Q2　フィルタリングの機能はどのように使えばよいのでしょうか？

A2　一度、携帯電話会社の「子ども対策」のウェブページとフィルタリング会社のページをよく見てみましょう。

現在、子どもがケータイを新規契約する場合には、携帯電話各社とも一定のフィルタリング機能を付与することになっています。こうした規制については国の法律のもとに行われているので、各社で大きな差はありません。ですから、子どもがケータイを使い始める前に、その携帯電話会社がどのようなフィルタリング機能を提供しているかを、ウェブページなどで再確認しておくとよいでしょう。

そして、それでもわからないことがあれば、ケータイの販売店でわかるまで聞くか、携帯電話会社のお客様窓口に電話をすれば詳しく教えてくれます。

さらに、スマートフォンであれば購入後に個別のサイトや機能にフィルタリングをかけて閲覧の「許可・不許可」を親が選択することもできます。本書では一例としてデジタルアーツ社の『ｉフィルター』（http://www.daj.jp/cs/）を紹介しましたが、これを使えば月額３００円から、さまざまなフィルタリング機能が使えます。しかしながら、これを使う場合、親である管理者は多少スマートフォンやパソコンの知識が必要になるので、説明書などで設定方法や機能をよく確認して導入する必要があります。

そして、フィルタリングを使う際の留意点としては二つあります。

一つは、「かけたフィルタリングを勝手にはずさないように子どもに約束させること」です。携帯電話会社によるフィルタリングは自分でははずせないので、子どもが事情を知らない祖父母などを連れて販売店に行き、「保護者の許可を得た」としてはずしてしまうケースがまれにあります。「なぜあなたのケータイにはフィルタリングがかかっているのか」ということを今一度理解させ、このようなことをやってはいけないということも伝えておきましょう。

もう一つは、フィルタリングと言うと、「ケータイからアダルトなどの有害サイトの閲覧をさせない機能」というイメージが強いのですが、そのほかにもケータイを安全に使うためのさまざまな機能を備えているということです。例えば、特定のサイトや特定のアドレスからのメールを拒否したりもできるので、迷惑メールの防止にも役立ちます。

このように、フィルタリングを、「より安全・快適にケータイを使いこなすための便利なサービス」と広くとらえて活用するとよいでしょう。

【親編】

Q3　子どもが音楽を無料でダウンロードしているようですが、大丈夫でしょうか？

A3　どういうサイトからダウンロードしているかに注意しておきましょう。

着メロやJ－POPなど、今や音楽についてはCDの購入やレンタルは減少し、配信で手に入れる時代になりました。子どもは、ケータイを手にすると、すぐに動画やゲーム、音楽のダウンロードを始めます。この行為そのものは特に悪いことではありませんので、子どもの趣味に応じて、楽しむ分には問題はないでしょう

ただし、親としていくつか留意しておきたいことがあります。

一つは、ダウンロードは無限にできるわけではない、ということです。ケータイやスマートフォンはいわば手のひらに載るパソコンですから、その容量に限界があります。音楽を貯め込んで容量いっぱいに近くなると、他の機能の処理速度が遅くなったり使えなくなったりすることもあります。また、第3章で紹介した「パケット定額」の契約をしていないとそのデータ量からびっくりするような高額の請求がくることもありますので、注意が必要です。

もう一つは、子どもがどのようなサイトからダウンロードしているかを知っておくことです。公式な音楽配信サイトやアーティストのオフィシャルサイトならよいのですが、非公式なサイトなどの場合、著作権法に違反した配信を行っているところもあります。そしてこれらのサイトの中にはまれに悪質なものもあり、そのようなサイトを利用すると、ウイルスに感染したり、メールアドレスなどの個人情報を知られてしまい、それをもとに迷惑メールや架空請求メールが届くこともあるので、いくら無料であってもこのようなサイトを使うのはやめるべきです。

公式な音楽配信サイトでは、試聴は無料であっても実際にダウンロードするときには1曲100円、200円と課金されるので、毎日数曲であっても勝手気ままにダウンロードしていると、ひと月数万円の請求になることがよくあります。ですが、これは違法ではなく、ゲームと同じく、好き勝手にダウンロードした子どもに責任があるとも言えますので、このような事態になったときは、その状況をきちんと子どもに説明し、親子の間でダウンロード制限をルールとして設けるとよいでしょう。

もちろんフィルタリングやパスワードでダウンロードを制限することもできますが、サービスを利用する際には、親が勝手に行うのではなく、一度子どもとしっかり話し合ってからにするべきです。

【親編】

Q4　子どもが学校裏サイトでいじめられているのですが、どうしたらよいでしょうか？

A4　素人が安易に手を出すのはよくありません。専門家に相談しましょう。

まず親としては、子どもがどのようなサイトで、どのようないじめられ方をされているかをきちんと把握するべきです。そのようなことを聞くのは親もつらいでしょうが、当の子どもはもっとつらい立場にいます。ですから、「お前にも何か原因があったんだろう」などと言うことは絶対にやめましょう。このような事態では、親がまず１００パーセント子どもの味方になることが大切です。

対策としては、まずその裏サイトの管理者に連絡を取り、削除依頼をすることが本来の筋ですが、学校裏サイトの場合、多くは同じ学校やクラスの子どもが「無料掲示板サービス」などを使って開設していることが多く、管理者を探すのが難しい場合が多いものです。

そのような場合はその掲示板が載っている「無料掲示板サービス」を提供している会社やサービス自体が載っているサーバーを管理している会社に該当するアドレスを伝え、サービスの停止を要求します。しかしながら、これも決して容易な作業ではありませんので、早い段階で巻末資料に挙げたような団体や機関に相談することを強くおすすめします。

その際にどんな方法でもよいので、その掲示板のアドレスと記載されていた悪口などの内容を保存しておきます（データとして取っておくのが望ましいですが、デジタルカメラで画面ごと撮影したものでも構いません）。これらは、後々あなたの子どもがいじめられていた、という明確な証拠となります。

ごくまれに、逆上した親がその裏サイトのコメント欄に「私は親だ。いい加減にしろ、バカ野郎！」などと書き込むケースがありますが、このようなことは絶対にすべきではありません。このようなことをすれば、いじめが収まるばかりかまさに火に油を注ぐだけで、発言が無意識のうちに拡散していき、挙げ句の果て、場合によってはどちらが被害者でどちらが加害者かわからなくなって、最後はいろいろなところで関連するサイトが「炎上」することにもなりかねません。

このようなケースでは親はくれぐれも「自分が解決する」などとは思わずに、早めに専門機関に相談することです。ネットの社会は、もう普通の親が想定できないレベルまで野放図に広がっていて、何をしたら取り返しのつかないことになるのか全く読めない状況まできているのです。

それでは、このような場合、具体的にはまずどこに相談するのが適切でしょうか。警察は事件にならない限り、なかなか取りあってはくれませんので、まずは学校です。それも昨今のいじめ事案を見ていると少々心もとないのですが、このような学校裏サイトそのものに、「学校としてどう対処するのか」という観点に立ち、しっかりと学校側の対処法を確認していくのです。

ネット上でいじめを受けている子どもは、実際に学校でもいじめられていることが多く、これは裏サイトだけの問題にとどまりません。最近は日本全国でこのような事態が次々と発覚し問題になっていますので、学校側もかつてのような無関心・不見識な態度をとることもできなくなってきています。

これらのネットいじめをやめさせることができる答えは、すぐには見つからないかもしれません。

ですが、親としては、

●**親が自分自身で全て解決しようとは思わず、専門家の力を借りること**

●**しかし、最後まで子どもの味方として寄り添い、何があっても子どもを守る気持ちを忘れないこと**

●**学校や相談窓口に問い合わせるなど、可能な限りのあらゆる手段を講じて対応してもらうように努力すること**

の三つが非常に大切です。一見回り道のようですが、実はこのような地道な対処が早期の解決を導くのです。

【親編】

Q5　子どものケータイに突然、サイトの登録料請求のメールがきました。アダルトサイトを見ているのでしょうか？

A5　アダルトサイト以外でも有料のサイトはたくさんあります。その内容をよく確認してみましょう。

通常は子どものケータイ代は親が支払っているケースが多いので、親の銀行口座からその代金が引き落とされたり、クレジットカード会社から請求を受けたりします。最近はケータイの通話料の明細書は手数料を支払って依頼しない限り送られてこなくなったので、その内訳に関してはケータイ会社の個人用管理サイトを見るか、手数料を支払って明細書を送ってもらうしかありません。

そのように明細書をチェックして、もし月額の請求の中にこれまではなかった登録内容や金額の請求項目（大体「情報料」などと記載されています）があれば、アダルトサイトに限らず有料登録サイトを利用している可能性があるので、子どもにしっかりと確認するとよいでしょう。

金額的な面も踏まえてそのようなサイトの利用を制限したいのであれば、パスワードやフィルターをかけ、むやみやたらに使わないように子どもに伝えることが必要です。

しかし、本当の問題は「そうしたサイトの管理人と称する人や会社から、直接請求のメールが届くケース」です。非常に脅迫じみた文面で、いきなり数万円の課金要求がなされることもあります。これは言わずと知れた「架空請求」であり、そのようなメールが来ても絶対に支払わないことです。相手は誰かれかまわず無差別にメールを送信する詐欺組織ですので、すぐにそのメールを削除してとにかく放っておくこと。それでも心配なら消費者相談センターなどに問い合わせるとよいでしょう。

このようなメールに返信したり、よけいなクリックをしたりすると、逆に「そのアドレスが実際に使われている」ということを相手に知らせてしまうことになり、さらなる脅迫メールがきたりそのほかの迷惑メールが山のようにきたりする原因になります。

【子ども編】

A6

メル友から「会いたい」と言われたけれど、どうしたらいい？

A6

お父さんかお母さんに相談して、実際に会う場合は最初は親と一緒に行きましょう。

最近では小学校高学年からケータイを持つ子どもが増えましたが、「会いたい」と言われたのはプロフで知り合った友だちだからでしょうか。今、プロフは小学生でも利用者が増えていて、登録すれば、いろいろな友だちとの交流も進みます。

プロフサイトの中にいるのは基本的には同年代の子どもですが、子どもの集まるところには子どもを狙った悪い大人も入り込んでいて、子どもになりすまして近寄ってくるような人もいるのです。

もし、そのような人たちにだまされて実際に一人で会いに行ったら、無理矢理車に乗せられて誘拐されたり、乱暴なことをされたり事件に巻き込まれるかもしれません。

もちろん、今までメールなどで親しくしてきた「メル友」を疑うのはよくないことです。でも、インターネットやケータイの世界は直接顔が見えない分、嘘の写真を貼ったり、友だちみたいなメッセージを送ったりしてこちらをだますことも簡単にできてしまうので、最初は特に気をつけなくてはいけません。

そこで、もし相手から「会いたい」と言われたら、「最初は親も一緒に連れて行っていいかな？」という返信をしてみましょう。ここで、もし相手が悪い人でこちらをだまそうとしていたら、親と一緒に来られたらとても困るので何か都合をつけて断ってきたり、メッセージの交換をやめようとするでしょう。そうではなく本当のメル友なら、「それでもいいよ！」と言ってくれるはずですし、相手も親と一緒に来るかもしれません。

もちろん、相手がこのように悪い人であることはとても少ないと思います。でも、一度でもそのような悪い人と会うようなことになると、取り返しのつかない犯罪や事件に巻き込まれることもあるので、実際の顔が見えないケータイのやりとりでは最初はこのぐらいの用心をしておいたほうがいいのです。

ほかのケータイ教育DVDなどでは、「メル友には絶対に会ってはいけません」と教えているものもあるので、もしかしたら親や先生からはそのように言われているかもしれません。でも私はこれは非常に残念な考え方だと思っています。なぜなら、せっかく知り合えた「メル友」は学校や塾などのつながりとは別の友だちで、そこで知り合えたことによってもしかしたらこれから一生つきあえる親友になれる可能性もあるわけですから。

【子ども編】

Q7 とても怖い内容の請求メールがきました。お金を払わなくてはいけないの？

A7 払う必要はまったくありません。すぐにメールを削除して絶対に返信などしないようにしましょう。

最近の迷惑メールには、このように怖い内容で「お金を払え」と書いてくるようなものがあります。中には、「払わないと家に行きます」とか「学校に行きます」などというおどしをかけてきたりするものや、暴力団とのつながりをほのめかしたりする悪質なものもあります。

しかし、このようなものは「架空請求」と呼ばれている、たくさんの人に同じような怖い内容のメールを送りつけて、お金を払わせようとするやり方で、明らかな犯罪です。

このようなものが送られてきたときに何より大切なのは、まず、絶対にお金を払ったりしないことです。そして、必ずお父さん、お母さんか先生に相談しましょう。親や先生に相談しても怒られるだろうと思って友だち同士で話し合って自分や友だちのお金を集めて銀行のATMから振り込んだりしては絶対にいけません。もしそんなことをしたらそれ以上のもっと怖い請求がどんどんくるようになるだけです。

そして、そんなメールはすぐに消して、絶対に返信したり文句のメールを送ったりしないことです。このようなメールは宛先を考えずに本当にたくさん送っているので、もし返信したりこちらからメールを送ったりしてしまうと、そのメールアドレスが使われているということを悪い人たちに知らせてしまうことになるのです。

どんなメールを受け取っても、少しでも怖いと感じたら絶対に自分で対応するようなことはやめること。きちんとそのメールを親に見せて相談をしましょう。そしてそのときにもし親に怒られるようなことがあったら、この本を親に見せて、「そのようなメールは何もしなくても勝手に送られてくる」ということをちゃんと伝えてください。あなたが何か変なサイトを見たとか変な操作をしたとか、そんなことをしなくても送られてくるのです！

そして、このようなメールが届かないようにするには、ケータイで迷惑メール対策の設定をすることができます。それでも収まらない場合はメールアドレスを変更するしかありませんが、そこまですればほとんど問題は解決するでしょう。もし万が一それでも怖いメールが送られてくるようであれば、親がしっかりと状況を調べ、専門家に相談しなければなりません。ケータイの問題は深くなってくると専門家でないと解決できなくなるものもあるのです。

【子ども編】

A８　なぜみんなが困っているのに迷惑メールはなくならないの？

A８

それは、メールを送るための値段がとても安いからです。

みなさんの家のポストには新聞や手紙以外にもチラシやダイレクトメールと呼ばれるような広告、カタログなどいろいろなものが届くと思います。そして、これら全てのものは送るのにお金がかかります。例えば、はがきは送るのに50円の切手を貼らなければいけませんし、封書ならば80円の切手を貼らなければいけません。でも、ケータイやインターネットのメールは一通送るのにもほとんどお金はかかりませんよね。そしてこれは、仮に1

000万通を送ったとしても同じことで、送るための料金はほとんどかからないのです（もし、封筒に入れた広告を1000万通送ろうとしたらなんと、送料だけで8億円のお金がかかります！）。

そして、ケータイやインターネットのメールの受信ボックスは家にある郵便受け（ポスト）と一緒なのです。家のポストには、友だちからの手紙や大事なお知らせなどの必要なものと必要でない広告やチラシ両方が入ってしまいます。受け取る側としては、どの郵便物を受け取り、どれを受け取らないかということは、基本的にに選べないのです。なので、いったんポストを開けてから、必要な手紙はとっておき、必要のない広告やチラシは選んで捨てる、ということを行わなくてはならないわけですが、これはメールでもまったく同じことなのです。

でも、家のポストにも、「広告ビラ・チラシはおことわり」といったことは書くことはできますね（それでもビラやチラシを入れる人がいますが……）。同じように、メールの受信ボックスにも、「このメールは受け取らない」という設定をすれば、受け取らないことができます。これを受信拒否設定と言いますが、それをきちんとかけていけば、自分のところに届く迷惑メールを減らすことはできます。

迷惑メールはあまりにも数が多すぎて（全世界でやりとりされているメールの97％は迷惑メールだと言われています！）、世界中の人がとても困っていますし、それが原因で混雑してインターネットやケータイが使えなくなったりすることもたまに起こっています。そのため、私も含めた専門家がいろいろな対策を考えていますが、今度は対策をしすぎることにより普通のメールが届かなくなったりすることもあるので、この調整はとても難しいのです。でも、迷惑メールが少しでも減るように今後も研究を進めていきます。

【子ども編】

A9 「一週間以内に5人の人に転送しないと不幸になる」という内容のチェーンメールが届きました。送らないと本当に不幸になりますか？

A9

大丈夫。心配いりません。不幸になったりしませんのでそのまま削除しましょう。

みなさんのお父さんやお母さんや私が子どもの頃はまだケータイやメールがなかったので、このような内容の「手紙」が実際に届いたりしました。これらは「不幸の手紙」と呼ばれて、内容は今とまったく同じです。「受け取ったら、一週間以内に〇人の人に送らないと不幸になる」などと書かれていました。

でも、きっと最初に送った人はそんなメールがたくさんの人に広がったら面白いと思って送っているだけで、それを受け取っても絶対に不幸にはなりません。だからまったく心配することはありません。

ただし、たんに面白いからと言っても、これは多くの人や社会を混乱に陥れかねないものので、大きな問題です。これを受け取った人が、もしほかの人にも転送して、それが続いたとするとねずみ算的に数千人、数万人という人が受け取ることになります。そのうちの一人があなただとしたら、むしろこのように社会を混乱させるようなことは、あなたのところで止めることが大事で、みんながそのように考えればこのようなメールは収束していきます。

ですから、けっしてほかの誰かに送るようなことはせず、すぐに削除しましょう。

【子ども編】

A10

友だちから「一緒に写っている写真をプロフに載せたい」と言われました。載せても大丈夫ですか?

A10

はっきり大丈夫とは言えません。まったく関係のない人にその写真を保存されたりして変なことに使われる可能性もないとは言えません。

プロフに自分の写真を載せるとき、自分だけの写真だとちょっと寂しいので、プリクラでみんなで撮った写真や、ケータイで友だちと撮った写真を載せている人はたくさんいます。

そのこと自体はけっして悪いことではありません。写真を見て、友だちになりたいと思ってメッセージを書き込んでくる子もたくさんいるでしょうし、友だち同士、写真を載せていないと安心できないというような気持ちもあるからです。

では、友だちから「一緒に写っている写真を載せたい」と言われたとき、それをそのまま許可してもよいかとなると、ちょっと気をつけたほうがよさそうです。なぜなら、その友だちにはまったく悪気はなくても、ネットを見ているまったく関係のない人がその写真を勝手に使うかもしれないからです。そして、そのような悪用を防ぐようなことはなかなかできないのです。

大人のブログやSNS（ソーシャル・ネットワーク・サービス）でも、自分が写っている写真を載せたとき、友だちの顔にはモザイクをかけたり、ぼかしたりすることもたまにあります。それは、その写真を載せることによって、ほかの人に迷惑がかかったり、関係のない人が勝手に悪用することを防ぐためです。

実際に悪用された例としては、女の子なら、別のヌード写真に自分の顔が加工されて貼りつけられたり、いかがわしい店の看板やチラシに使われたりしたことがあります。また、同じように勝手に加工されて、偽のプロフをつくられたりしたこともあります。

もちろん、あなたの友だちはこのように誰かが勝手に悪用することなど想像すらしていないでしょうし、ここで例に出したように悪用されるなどということはとてもまれなので、まったく大丈夫かと聞かれれば少し難しいのですが、友だちにもこのことを話して気をつけて載せるようにすることをおすすめします。

おわりに

インターネットやケータイの出現は、この十数年の間に確実に世界を変えました。ほしい情報がいつでもどこでも瞬時に手に入り、ほしいものはいつでも買える（それも瞬時に価格を比較して一番安いところから）、さらには数十年前の同級生とフェイスブックを通じて再会して同窓会を開いたり、今まさに食べようとしているものの写真を撮って世界中に公開したり……。このような技術の発展は、人々が昔から夢に思っていたことを次々と実現していき、それによって非常に便利な世の中となりました。

しかしながら、この本でもずいぶんと見てきたように、これらの技術の急激すぎる発展や普及は、便利さと同時にさまざまな問題や犯罪、それに伴う被害も引き起こしてきました。技術の発展とともに利用者も急激に増えてきましたが、そのモラルやルール、使い方などについてはまだ発展途上な状態です。例えて言えば、道路や交通標識、免許制度などが整備されていないところに車だけが急激に増えてしまったようなものです。そして当然免許制度もないのでみんなが見よう見まねで自分本位に運転しているのです。これでは事故が起こらない訳がないと思いませんか？
インターネットは世界的につながっているため、どこか一国の法律で規制するといったことができません。そのために無法地帯のようになっている部分もあります。では、このような「無法地帯」が多く存在するインターネットを安全に、かつ便利に活用し、被害にあわないようにするためにはどうすればよいでしょうか。やはりそれには「正しい知識」と「自己防衛」が不可欠だと私は考えます。インターネットやケータイ全般の最新の状況について常に正しい知識を持っていれば、様々な犯罪行為から自分や子どもの身を守ることもできますし、何よりそのようなことに接しないように常に防御することができるのです。

これからの世の中ではこれらの技術はもっと進化していくでしょう。そしてより複雑になっていくかもしれません。しかしながら、これらインターネットやケータイは今と同じく、私たちが生活をしていくために使う「道具」にすぎないのです。道具は私たちが正しい知識を持って使いこなし、生活を便利にしていくためのものです。決して道具に振り回されるべきではありません。

ところで、私が講演の後などにみなさんから質問をいただくと、ケータイやパソコンについて「複雑すぎて分からない」、「そもそも機械が苦手」という声がよくあります。確かに最近のスマートフォンなどは特に機能が多く複雑で、私たち専門家でもたまに使用方法に戸惑ったりすることもあるので無理はないと思います。しかし、みなさんや子どもたちはすでにこれらの機器を持って使っているのです。使っているということはその最低限の使い方はもちろん、引き起こす問題やその回避方法なども知っておく義務があります。これは車を持っていて運転をするなら、その車の全ての機能や構造は知らなくても、交通ルールや事故を防いで安全に運転する方法を知っておくべきなのと同じことです。

この本では実際に子どもの周りで起こっているショッキングな事例も若干取り上げました。残念ながら実際にこれらが起こっていることは事実ですが、決して数が多いわけではありません。ですから、それらが怖いからといって使うのをやめたり控えたりするのではなく、その便利な部分を最大限活用し、安心・安全に使っていただくための参考にしていただければ著者としてこんなに嬉しいことはありません。

最後になりましたが、この本を出版するにあたりプロデュースを手がけていただきました株式会社自分楽崎山みゆき氏、また、出版を快く引き受けて下さいました総合法令出版の関俊介編集長、いつも作業が遅い私に根気よくお付き合いいただきました編集部の須田公子さん本当にお疲れさまでした。ありがとうございました。そして、お忙しい中度重なる取材に快く応じて下さいました荒川区立汐入東小学校羽中田彩記子校長先生と児童のみなさんにもこの場をお借りして厚く御礼申し上げます。ありがとうございました！

２０１２年８月

この本を手にとってくださった全ての方に感謝をこめて

目代純平

3．一般社団法人日本データ通信協会　「迷惑メール相談センター」

http://www.dekyo.or.jp/soudan/

03-5974-0068　平日　午前10時〜午後5時

総務省より委託を受け、迷惑メールに関する相談や情報を受け付けている公的機関です。迷惑メールで困った際はこちらへ相談できますし、ウェブサイトには迷惑メールやチェーンメールの種類やその対処法も掲載されています。

4．警察庁　「インターネット安全・安心相談」

http://www.npa.go.jp/cybersafety/

ネット上のさまざまな困りごとについて、基本的な対応策や対処方法、適切な相談先を参照できます。

5．警察庁　「都道府県警察本部のサイバー犯罪相談窓口等一覧」

http://www.npa.go.jp/cyber/soudan.htm

ケータイやネットで犯罪被害にあったり、あいそうになったときの相談を受け付けています。各都道府県警察に窓口があるので、こちらを参照して最寄りの窓口にご相談ください。

6．財団法人インターネット協会

「インターネットホットラインセンター」

http://www.internethotline.jp/

インターネット上の違法・有害情報の通報窓口です。こちらに相談すれば、警察庁やプロバイダー、掲示板の管理者などへの対応に関しても取り次いでくれます。

巻末資料

実際にケータイやインターネットを使っていて起こる問題について、相談したいことがあったり、実際に被害にあったりした場合にその相談を受け付けている窓口をご紹介します。

これらのネット上の問題に関しては、その解決に専門的な知識や対処が不可欠な場合が多々ありますので、困ったときはためらわずに専門家の力を借りてください。そうすることが早期の解決につながります。また、緊急の場合など、どこに相談していいか分からないときは、下記いずれかに連絡をすれば適切な相談先に関しても教えてくれるはずです。（下記情報は 2011 年 9 月 1 日現在）

1.「こたエール（東京こどもネット・ケータイヘルプデスク）」

http://www.tokyohelpdesk.jp/

03-3500-5181　月曜日～金曜日　午前 9 時～午後 6 時（土曜日は午後 5 時）まで

東京都が運営する子どもがインターネット・ケータイで困ったときの相談窓口です。子どもはもちろん、保護者や学校関係者も無料で相談できます。

2. 独立行政法人国民生活センター

「消費者ホットラインならびに全国の消費生活センターの紹介ページ」

http://www.kokusen.go.jp/map/

0570-064-370

国民生活センターならびに消費生活センターは国民の生活全般に関する苦情や相談を受けつけている公的機関です。昨今は架空請求や高額請求などネット関連のトラブル相談が急増しているとのことで、ウェブサイトにも事例が多く掲載されています。

目代純平（もくだい じゅんぺい）

チェックフィールド株式会社　代表取締役／東京都認定　eメディアリーダー
1976年10月28日生まれ。東京都出身。

商社勤務の父親の転勤に伴い台湾にて中学校3年間を過ごす。

帰国後国際基督教大学（ICU）高校を経て中央大学総合政策学部政策科学科にて環境経済学を専攻。

大学在学中に学生企業の立ち上げ、大手通信会社社員対象講師などを経て、大手電機メーカーの学生インターンメンバーとして米国で次世代無線アクセスシステム（Wireless Local Loop）の研究開発に携わる。

帰国後、大学4年在学中の1999年7月有限会社チェックフィールドを設立。

13年間で100社以上のWebデザイン / システムを設計・制作し、IT導入・運用管理における総合的なノウハウを身につける。2006年株式会社に組織変更し、プライバシーマークを取得。

現在では、中小・中堅規模法人向けのIT導入・運用コンサルティング、運用管理代行を中心に約70社のIT環境を総合管理する傍ら、業務で得た知識や事例をもとに、各地で主に小中学生や保護者、先生方に対して「安全なケータイ・インターネットの使い方」をメインテーマに講演ならびにワークショップ活動を展開。

特技は英語、中国語。趣味は音楽（特にSmooth Jazz）、写真、スノーボード、街歩き。著書に『1から出直すパソコンインストール』（共著、エーアイ出版）がある。

チェックフィールド株式会社
http://www.checkfield.co.jp/

facebook
http://www.facebook.com/mokudai/

装丁デザイン：折原カズヒロ
カバーイラスト：佐藤明日香（チャダル108）
本文組版・図表制作：横内俊彦
協力：崎山みゆき（株式会社自分楽）

子どものための『ケータイ』ルールブック

2012年10月7日　初版発行

著　者　目代純平
発行者　野村直克
発行所　総合法令出版株式会社
〒107−0052　東京都港区赤坂1−9−15
日本自転車会館2号館7階
電話　03−3584−9821㈹
振替　00140−0−69059
印刷・製本　中央精版印刷株式会社

ISBN978−4−86280−326−9